三浦直樹
株式会社フューネ代表取締役

2代目葬儀社
社長が教える

絶対に会社を
潰さない
事業承継のイロハ

代替わりは
社長の終活

はじめに

私は愛知県豊田市で葬儀社を営む2代目社長です。なぜ、私が事業承継の本を出そうと思ったのか。それは私自身が親から事業承継した身であることと、葬儀社だからこそ「跡継ぎにきちんと事業承継することの重要性」に気づくことが多いという理由からです。

意外に思うかもしれませんが、お葬式の現場というのは事業承継に関連する業態といえます。なぜなら、お葬式は代替わりする喪主の襲名披露の場でもあるからです。会社の社長が亡くなった場合には、故人の名代として「新たに私が会社を引き継ぎますよ」というお披露目の場になるわけです。

もともと葬儀と告別式には違いがあり、葬儀というのは近親者が宗教儀礼に基づいて行いますが、告別式は、結婚式でいえば披露宴にあたります。広く世間の皆さんに「承継者が誰なのか」を知っていただくという目的があるわけです。

つまり、私たち葬儀社というのは、その家の事業承継のお手伝いをしているともいえるのです。私は20年以上、葬儀業界でさまざまな葬儀に立ち会ってきました。そのなかには中小企業の社長さんのお葬式もたくさんあります。

先代が亡くなった後、事業承継がうまくいって会社が存続している場合もあれば、先代が急逝されたために何の準備もなく、株の譲渡もままならず、倒産してしまった企業もあります。そうしたさまざまなお葬式に携わるなかで、事業承継は先代が存命なうちにきちんと行う必要があると痛感するようになりました。

また、多くの会社のお葬式に関わっていると、「この会社は事業承継がうまくいきそうだ」とか「ここはちょっと厳しいかもしれない」などとわかるようになりました。お葬式の現場というのは、その家の内部事情に触れることでもあるので、後継者争いになりそうだとか、2代目になる若社長にその素質・素養がありそうだとか、逆に厳しそうだということが見えてきてしまうのです。

そんなことをいうと、さも、私の事業承継がうまくいったかのように思うかもしれませんが、私も親から代替わりしたときには経営危機の憂き目に遭っています。そこをうまく乗り切り、現在に至っています。

私が社長に就任したのは２００５年の10月、まだ30歳の若さでした。それから10年経ったタイミングで、それまで私が見聞きしてきた事業承継に関するさまざまな出来事をブログで発信することにしました。その影響は大きく、メディアに取り上げられる一方、同世代の経営者から経営の勉強会を開いてほしいというリクエストを多くいただくようになったのです。そこで、２０１６年2月から経営の勉強会も定期的に開催することになり、いまでは企業経営と事業承継に関するコンサルタントも行っています。

事業承継に関しては、承継をする親の立場からの言い分、承継を受ける子の立場からの言い分、それぞれの言い分があります。それらの両方を見てきた私には、お互いの気持ちがよくわかります。

世の中の事業承継の本を読むと、税理士さんの経営面から見たものが多くあるように思います。私は税理士ではありませんから、株式の譲渡のことなどテクニック的なことは語れませんが、そういう税務的なものより大事なことがあります。事業承継がうまくいくかどうかは、事前の準備が非常に大事なのです。心構えといってもいいでしょう。

本書では、葬儀社の2代目社長だからこそ気づくことができた事業承継のイロハについてお話ししたいと思っています。これから事業承継をさせようと思っている親御さんはもちろん、事業承継をする側の子どもにとっても知っておくべきことを網羅しました。この本が事業承継のバイブルとして、中小企業の社長さんと次期社長さんのお役に立つことを心から願っております。

株式会社フューネ代表取締役　三浦直樹

目次

第2章

葬儀社の2代目社長が見た事業承継の現実

第3章

事業承継に失敗しない重要なポイント

第４章

事業承継だけではない、経営者として必要なこと

141

第1章

葬儀社の2代目社長のどん底からの脱却

■家業を継ぐ気にさせた「祖母の死」

当初、私には葬儀社を継ぐ気はまったくありませんでした。父親にも「やる気がないなら継がなくてもいい」といわれていました。もちろん、それは本心ではなかったでしょうが、私にはそういっていたのです。

それを真に受けたわけではありませんが、電車が好きだった私は鉄道関係の会社を就職先に選び、面接を受けたのです。残念ながら鉄道関係の会社は全滅したものの、数社から内定をもらっていました。そのうちの本命の会社からはほぼ本決まりという感触をいただいていたのですが、なんと、身辺調査で落ちてしまったのです。

人事担当者が実家の周辺で聞き込みをしていたらしく、偶然にもそのなかに私の母親がいたのです。そこで、「息子さんは長男だから、ゆくゆくは会社を継がれるのでは?」と聞かれた母親は迷わず、「もちろんです」と答えたのです。

もし、それがなければ、いま頃はサラリーマン生活を送っていたことでしょう。人生とはわからないものです。それからは就職活動をするのもバカバカしくなり、どうしようかなと考えていたときに、祖母が亡くなったのです。社会人になる2カ月前のことでした。祖母の葬儀は、葬儀社だけに盛大で、会葬者は千人を超えたでしょうか。もちろん、祖母の友人や知人もいたと思いますが、ほとんどは父の仕事関係の方たちでした。

それを見た私は心底、驚きました。何に驚いたかというと、父親の人脈の広さに対してです。一介のサラリーマンだったら、そうはいかないでしょう。父が長年、葬儀社として多くの会社と付き合いがあったからこそ、これほどの会葬者の数になったのです。

「こういう人脈は経営者にならないと絶対に得られないものだ」

そのとき、私はそう確信しました。

サラリーマンとして道を切り開いていくのは並大抵のことではありません。しかし、自分が「家業を継ぐ」といえば経営者になれるチャンスがあり、父のような人脈を築くことができるのです。

しかも、葬儀社の身内の葬儀というのは、ある意味、新商品の発表の場でもあります。自社の持っている最高の技術を提供し、実験段階でまだ世に出ていない商品を試しに使ったりするのです。同業他社も、フューネはどういう葬儀をやるのかと興味津々で全国から見に来ます。そういう意味では、絶対に手を抜けない葬儀だったのです。

それくらい祖母の葬儀はすごいものでした。そして、葬儀が終わって数日後、父親に向かってとうとういっていいました。

「俺、葬儀屋をやるわ」

それからは怒濤の日々でした。3月になってから修業先の名古屋市にある大手葬儀社の面接を受け、4月1日の入社が決定。すでに新卒の研修は始まっていましたが、そこにぎりぎりセーフで滑り込むことができたのです。

それまではまったく家業を継ぐ気もなかったのに、最終列車に飛び乗るような状態で、この業界に入ってしまったのです。まさに人生最大の決断だったといえるでしょう。

経営者としての糧になった挫折

私が子どもの頃、葬儀社というと忌み嫌われる職業の一つでした。いまでこそビジネスとして認められていますが、昭和50年代前半の頃は、会社もまだ小さく、従業員も10人ほどで、24時間３６５日営業しているような状態でした。当然、父にはどこにも遊びに連れて行ってもらったことはなかったです。学校に行けば行ったで、イジメの対象になっていました。そのせいで、小学校の低学年の一時期、登校拒否になったことがありました。そのときの通信簿はオール１。学校に行かなかったのですから当然です。

その後、オール５を取ったこともあるのですが、オール１とオール５の両方を取ったことのある人は珍しいのではないでしょうか。

いまから思えば、小学校時代の不登校は挫折の始まりでした。その後、高校受験に失敗し、大学受験にも失敗して浪人することになったからです。

浪人時代は本当に精神的にも辛く、勉強することからも、生きることからも逃避し、人生を諦めているような状態でした。いまでも浪人時代に見た真夏の太陽を思い出します。灼熱の真っ赤な太陽だったはずなのに、私の記憶のなかでは鉛色をしているのです。それがあの頃の私の心象風景だったのでしょう。

勉強にも身が入らず、予備校にもまともに行かないで遊びほうけていました。アルバイトをしたり、パチンコや麻雀にはまったり、女性にうつつを抜かしたりしていたのです。

そんな状態で合格する大学などあるはずもありません。

父には「2浪はさせない」といわれていました。忘れもしない東京で地下鉄サリン事件が起きた日でした。最後の受験に失敗した私に、テレビでニュースを見ながら、父が「これから、どうするんだ?」と聞くのです。私は「働く」といいました。もはや大学に価値を見いだせず、勉強する気も起こりませんでしたが、働くことは嫌ではなかったのです。

ところが、父が「それはダメだ。遊べ」というのです。「学費は払ってやるから、どこか無試験の専門学校に入ればいいだろう」ということになり、大手の予備校が経営している専門学校に入ることになりました。

父のいう「遊べ」という意味には「人生は長い。働くことはいつでもできるが、遊ぶことは若いうちしかできない。遊んだ経験のない人間は人生が窮屈になってしまう。それでは浅い人間になってしまうだろう」という思いが込められていました。当時は、それがどういうことかわかりませんでしたが、経営者となったいまではその意味がわかります。

結局、私は模試の成績がよかったので、無試験で専門学校のマネジメント学科に入学しました。どの学科に入ってもよかったのですが、マネジメント学科がいちばん楽そうだったので、そこにしたのです。これが結果的には正解でした。

在学中は簿記２級と販売士２級の資格を取り、あとは経営について学びました。学んだといってても睡眠学習とでもいうようなものでしたが、大学で教えている先生が講師になったり、社長になった人が講義をしたりして、「経営って、案外、おもしろそうだ」ということだけは印象に残っています。

当時は家業を継ぐ気はありませんでしたが、経営者となってからはマネジメント学科で学んだ経営の理論がとても役に立ちました。判断に迷うときにも、「そういえば、学生の頃に習った、あの方程式にあてはまるんじゃないか」と思うことがあるのです。

私にとって大学受験は挫折といえますが、専門学校に入ったことは無駄ではなかったのです。人生に無駄なことは何一つない、それが私の人生哲学にもなっています。

挫折は精神力を強くし、内面のキャパシティを大きくします。そういう意味では、挫折を経験しておいた方がいいといえるでしょう。経験したことのない人は、打たれ弱く、ちょっとしたストレスにも耐えられません。それで社長業をやるのは厳しいといえます。

私は2代目のボンボン社長ですが、子どもの頃から挫折を経験したおかげで、ちょっとやそっとのことには動じなくなっています。挫折というと「できれば避けたいもの」と思われがちですが、私にいわせれば、「若いうちの挫折は買ってでもせよ」といいたい。

いわゆる2代目の若社長というのは、お金持ちの家庭で育ち、いい学校に行き、周りにちやほやされながら、ほとんど挫折らしい挫折を経験せずに社長業を継ぎます。順風満帆で社長業を継続できれば問題ありませんが、社長になってからつまずくと悲惨です。心が折れて、会社経営などできなくなってしまいます。

そういう人を何人か見ていますが、どうなるかというと、親である会長が社長に返り咲いたり、外部から適任者を連れてきたりします。外部から呼び寄せた人が失敗してもクビにすれば終わりですが、子どもが失敗したら、二度と敗者復活はありません。親が子どもに「もう一度、チャンスをあげたい」と思っても、社員は「二度あることは三度ある」と判断してついてこなくなってしまうからです。

いずれにしても、私の人生の挫折は、経営者としての度量を大きくしていることは確かだと思います。

若いうちの挫折は…
買ってでもせよ!!

人は善意では教えてくれない

父が修業先に選んだ葬儀社での任期は3年でした。修業は辛いものと相場が決まっていますが、私も当初は何をやってもうまくいかず、悔しくて泣いたこともあります。自分なりにがんばっていても、誰にも評価されないのです。新人社員なら経験があると思いますが、研修が始まって思ったことは「世の中は理不尽だ」ということです。

私が3年間しか在籍しない葬儀社の2代目だということで、修業先の先輩が仕事を教えてくれないのです。「どうせ、おまえは3年で辞めてしまうんだから、教えてもしょうがない」というわけです。いわれてみればその通りですが、そのときはショックで、「人間って、平気でそんなことをいうんだ」と思いました。

それでも、私は挫折の達人です。それくらいのことではへこたれません。ハングリー精神を発揮して「教えてくれないなら、教えてもらうためにどうするか」を考えました。見て覚えることもそうですが、先輩に「おまえに教えても何の得にもならない」といわれたので、「それなら、ご飯をおごりましょう」と、お昼ご飯をおごりました。そうすると、先輩の心証がよくなって教えてくれるようになったのです。

また、当時は寺院や集会所などの外の現場が多く、２トントラックに２００ぐらいある備品を順番通りに、忘れ物がないように積み込む作業がありました。そういう日は、朝早く出勤して先輩の分をトラックに積み込み、時間通りに来た先輩に「積み込んでおきました」と報告するのです。そうすれば、先輩は近くの喫茶店でコーヒーを飲む時間ができます。私も自分の現場を持っていますから、自分のものは自分で積み込みます。

そういうことをしていると、人間は現金なもので、いろいろと教えてくれるようになります。教えてくれないなら、教えてくれるように知恵を働かせればいいのです。この修業で得た人生哲学は「人は善意では教えてくれない」というものです。見返りがなければ、人は動いてくれないということです。ちょっと悲しい話に聞こえるかもしれませんが、これは真実です。

さて、そのひらめきから、後年、私はフューネクリエイトアカデミーという葬儀の専門学校を作りました。月謝を払ってもらい、その見返りとして葬儀のノウハウを教えるのです。それまでは徒弟制度があり、業界全体で葬儀社の子弟を育てていこうという古き良き時代がありましたが、いまはそうではありません。

弊社は2011年2月号の『週刊ダイヤモンド』で、顧客満足度・全国第1位という栄誉をいただきました。その40年の実績から得られた経験を生かし、現在、個人や法人の方々の状況に合ったカリキュラムを作成し、実践的な学びを提供しています。

1万円をもらったら、その10倍の価値になるくらいの勢いで、親切・丁寧に教えています。それで、次第にファンが増え、すごく儲かるというわけではありませんが、うまく回っています。

時間は正確に、1分のズレがあってもいけない

父に名古屋の葬儀社を紹介されたとき、「長くて3年、短くて3年」といわれて修業に入りました。その言葉通り、フューネに入社したのは2000年4月ですが、ぴったりと3年0日で戻っています。

つまり、どういうことかというと、修業期間の3年間はあくまでも3年間だということです。普通は、会社を辞める前に有給休暇をフルに取る人もいますが、そういうことをしてはいけないと父から厳重に注意を受けていたのです。

もし、私が有給休暇を使って遊びほうけていたら、フューネの社員には「次期社長だから遊んでいられる。優雅な身分だ」などと思われてしまいます。そんなふうに社員に印象づけてしまったら、入社した後に悪影響が出てしまいます。

したがって、3月31日に名古屋市の葬儀社を辞めて、翌日の4月1日に豊田市のフューネに入社したのです。「いったい、いつ引っ越ししたの⁉」という感じでしたが、実際にやろうと思えばできるものです。無事に引っ越しを終え、翌日には入社していました。

修業時代にも時間の管理については厳しく教わり、1分のズレもあってはいけないと叩き込まれました。儀式を行う専門家としては、1時間といったらぴったり60分00秒で終わらなければならないのです。フューネに入社してもそれは変わりません。

時間の管理については社員にも徹底していて、59分30秒で終わると叱ります。私が育てた弟子たちは、1時間といえば、きっちり60分00秒で終わります。

たとえば、テレビ局の生放送で30秒もずれてしまったら、放送事故です。私たち以上に厳しい世界もあるのです。なかには「30秒ぐらいずれていてもいいじゃないか」という人もいるかもしれませんが、その30秒にこだわる葬儀社とこだわらない葬儀社では、その品質に大きな差が出ます。

私は自分の講演会でも、時間通り、ぴったり終わります。早くても遅くてもダメだと思っています。たとえば、90分の講演で、そこに1000円でも2000円でも入場料が発生するのであれば、その分をお返しする必要があります。10分早く終わったら、その分を手抜きしたことになるのです。かといって、長く話せばいいかというと、会場の時間や後片づけの時間などがあり、多方面に迷惑をかけてしまいます。

お葬式に関しても、定刻に始まって定刻に終わらないと困ります。さまざまな関係者が関わっていますから、時間通りに事が進まないと現場が混乱してしまうのです。時間通りに物事を遂行することはとても大事なことだといえるでしょう。そもそも、これは社会人としての常識です。

親子ゲンカで社長就任の日程が決まる

修業時代を経てフューネに入社したのは、2000年4月でした。平社員として3カ月過ごした後、会館を1つ任され、それを機に取締役に選任されました。そこから現場経験を3年半やり、2004年10月に専務になり、2005年10月に代表取締役に就任するという経緯です。

代表取締役になるにあたっては、大きな出来事がありました。それが親子ゲンカです。ケンカの原因は、父の社員に対する考え方と私の考え方が180度違っていたことにあります。

父はフューネの創業者で、ずっと自分で経営してきた経験から「社長と社員は家族である」と固く信じていました。社員は家族なのだから、子どもはみな平等に扱わなければならない。長男も次男も三男も、みな同じだというわけです。そういう理屈から、入社10年目の社員と昨日入社した社員の基本給が同じだったのです。父からすれば、社員はみな子どもなのだから、平等に給料を分け与えようという考えでした。しかし、これではベテラン社員がやる気を失い、辞めてしまいます。

私がフューネに入社したとき、それが会社がうまく回っていかない理由の一つだと思いました。私の考える平等というのは、がんばった人は、がんばっただけのお金がもらえる給与体系というものでした。

入社後、数年ほどいい続けたのですが、まったく聞き入れてもらえず、ある日、大ゲンカになってしまったのです。実際、ベテラン社員がどんどん辞めてしまっている現状があり、このままではダメだという危機感がありました。

私が「このままでは社員がいなくなってしまう」と強くいうと、「そこまでいうなら、おまえが社長になれ」というので、思わず「じゃあ、やります」と答えていました。

まさに、売り言葉に買い言葉。「俺がやったるわ」といった手前、後に引けなくなってしまい、父から「就任は1年後の2005年10月だぞ」と宣言されてしまったのです。

その当時、私は総務部長的な仕事をしていたため、いきなり社長になるわけにもいかないだろうということで、専務になりました。いま思えば「トップマネジメントをもっと意識してやれ」というメッセージだったのでしょうが、私の社長就任のスケジュールは親子ゲンカで決まってしまったのです。

もちろん、私が社長になったときには、真っ先に組織の改編を行うつもりでした。社長の私がいて、その下に専務、常務、部長、課長、係長というピラミッド型の組織にしようと考えました。給料についても、入社年数によって上がっていく付加価値と、年齢によって上がっていく付加価値を足した金額を基本給にするつもりでした。実際に、現在、これがフューネの給与体系となっています。

社長就任前に起こった大事件

親子ゲンカの末に決まった私の社長就任のスケジュールでしたが、それまでの1年の間にフューネの経営を揺るがすような大きな事件が起きました。大口の顧客であったＪＡから契約を解消されてしまったのです。

当時、年間の売り上げが約12億円あったのですが、そのうちの４億円は地元の農協によるものでした。その4億円分がゼロになってしまったのです。それは私が代表取締役に就任する半年前、親子ゲンカから半年後のことでした。

父はＪＡの葬祭事業を28年間請け負ってきていたのですが、当時のＪＡは大変革期で、１９９６年から２００１年度にかけて行われた金融ビッグバンや２００１年の農業協同組合法改正などの影響により、経営の効率化に舵を大きく切ったのです。そのなかで、組員の葬祭については、ＪＡ葬祭という部門を立ち上げ、うちうちで回すようにしたのです。その結果、当社の契約も解消されたのでした。

もちろん当社だけの話ではありません。２００５年前後は、ＪＡとの業務提携が解消されたことにより、多くの葬儀社が廃業したり、規模の縮小に追い込まれたりしました。

年間で4億円もの収入がなくなるとわかっていても、経営は急には変われません。入ってくるお金が半分になるなら、出ていくお金で釣り合いを取ればいいのですが、実際には出ていくお金をすぐさま半分になどできません。すると、当然、毎月赤字になってしまいます。

そんな状況のなか、私が代表取締役になった最初の３カ月間は毎月２０００万円ずつの赤字を出し、その年の最終的な赤字は2億4000万円になってしまいました。売り上げが6億円まで一気に落ち込んだのです。

注文が減った分は4億円だったのですが、田舎へ行けば行くほどJAの力は強いですから、契約を解消されたことによる風評被害がひどく、本来は無関係なお客さままで離れてしまったのです。代表取締役になって3期連続で赤字でした。積み上げた赤字分は6億5000万円。それでも倒産しなかったのですから、我ながらしぶとかったなと思います。

赤字転落から経営回復への道のり

JAとの業務提携が解消されたのは、私が代表取締役に就任する前のことでしたから、その時点で「社長を辞める」という選択肢もあったと思います。しかし、私の哲学として「予定は変えてはならない」というものがありましたし、社長になるということは一生に1度のことなのです。結婚は2度も3度もできますが、私が事業を承継できるのは1度きり。新しい会社を立ち上げることは何度もできるでしょうが、先代からの土台があって、それを受け継ぐということは一生に1度しかできないことなのです。

私自身、親子ゲンカの末に「俺がやってやるわ」といった以上は、どんな状況が来ても辞めることはできないと思っていました。「辞めた」といったらケンカに負けたことになりますから、意地でも辞められなかったのです。

そういう思いもありましたが、当時は目の前の苦境をどうやって脱するかということが最優先で、そんなことを考える余裕もありませんでした。私は社長になる心構えは別として、学生時代に経営の勉強をそれなりにしていたこともあり、経営の本をもう一度読みあさりました。赤字を脱するには、売り上げを伸ばすか、経費を減らすか、あるいは、その両方をやるかしかありません。

明日には倒産するかもしれないというほど追い詰められ、私の給料がまったくなく、我が家の全財産が30万円しかなくなった時期もありました。いよいよ食べるものにも困る事態になるかもしれないと覚悟するほどでした。

いまとなっては笑って話せることですが、そのときの赤字からの脱却の経験が、現在、経営コンサルタントをやるときに非常に役立っています。

具体的に何をやったかというと、売り上げの対象としていなかった部分に目を向けました。たとえば、葬儀会館に自販機を置いたことが挙げられます。それまでは「何百万円もいただいているお客さまから１００円、２００円の小銭儲けなんかするな」と父にいわれ、飲み物は当社でサービスしていたのです。それがおもてなしだと父は強調し、当時は私もその通りだと思っていました。

しかし、事態は大きく変わっています。お金に換えられることは何でもしなくてはなりません。そこで、自販機を館内ではなく、建物の外に置くことにしました。そうすれば、葬儀にいらしたお客さまだけでなく、通行人も買う可能性があります。当時、葬儀会館は8カ所ありましたから、各葬儀会館に自販機を2～3台置くだけで、年間１００万円の売り上げになりました。

また、新規のお客さまを獲得するために、市内を一軒一軒訪問するローラー作戦を展開しました。私はもともと互助会で3年間修業を積んだので、そのやり方には精通していました。新規会員営業の仕事は、父の時代から細々とやってはいましたが、訪問先から塩をまかれたり、犬にほえられたりと、社員からはひどく嫌がられていた仕事だったのです。

その当時、新規会員さまの開拓については社内で猛反発に遭いました。「なぜ、そんなことまでしなければならないのか」というわけです。それでも私は「未来の飯の種を切り開くための部署だから絶対に必要だ」と力説し、理解してもらうまでに7年ほどを要しました。

そして、なんとか新たに人を雇い、専門部署を創設しました。もちろん、すぐに成果は出ません。100軒訪問して10人話を聞いてくれれば御の字で、そのうちの1人か2人が入ってくれれば大成功です。「葬儀屋なんて縁起が悪い」とか、「俺に死ねというのか」などと文句をいわれて追い出されるという、話すも涙、語るも涙の世界。それでも当初、数人でスタートした部署でしたが、5年後には20人ほどにまで増えました。私は経験上、そういう辛い仕事をやる部署が必要なことは痛感していたので、「よそでできて自社でできないことはない」という信念でやり続けたのです。

さらに、やれることは何でもやろうということで、それまで無料でお渡ししていた商品も一つひとつ見直して、お金をいただいてもいいだろうというものは有料化を進めました。加えて、生活保護世帯のお葬式も積極的に請け負いました。市役所にも「仕事をください」

と頭を下げに行きました。待つ仕事から、奪う仕事への転換です。薄利多売を含めて、やれることは何でもやったのです。

人のリストラはせず、モノのリストラを敢行

普通、経営が悪化するとリストラして人件費を削減するのが通例ですが、これは一切やりませんでした。むしろ、社員の給料を下げるのではなく、上げたのです。その代わり、私の給料は専務時代の半分以下にしました。

社員は会社の苦境をよく知っていましたから、給料を上げたことで発奮して「がんばろう」と思ってくれる人もいましたが、なかには「給料を上げたということは、いよいよ会社が危ないのだ」と思った人もいたようです。そういう人たちは早々に辞めていき、リストラをしなくても2割くらいの社員が消えていきました。

会社が危なくなると社員が勝手に辞めていくので、そういう意味では助かりました。苦境のときほど、通常とは反対のことをするべきというのが私の持論です。

その代わり、モノのリストラは徹底的にやりました。それまで3つあった倉庫を1つに集約し、父のゴルフ会員権なども整理しました。

また、2007年に隣の岡崎市に新設した葬儀会館を売却しました。この施設は父が最後の作品だといって建てたもので、売り上げは順調に伸びていましたが、建物が大きすぎて非効率的でもあったのです。

オープンして1年半もしないうちに「売る」と決めたので、父には猛反発されましたが、背に腹はかえられません。しかし、運も良かった。ちょうど2005年に愛知万博があって豊田市内の景気が急上昇していました。トヨタバブルと呼ばれていた時期です。生産台数でトヨタ自動車がGMを抜いて初めて世界一になったのが2007年でした。当時、この町のバブルは最高潮に達していたのです。

いまでも忘れられませんが、あの頃、清掃の仕事に就く人の時給が2000円です。当社のグループ会社がマイクロバスの運行業務を行っているのですが、時給をいくら上げても運転手が足りないという状況でした。

そういうバブルの絶頂期に父が建てた葬儀会館を売り抜けたのは、絶妙のタイミングといえるでしょう。なぜなら2008年にはリーマン・ショックが起こったからです。リーマン・ショックが起こる前に何とか赤字を3年で止めることができたのは幸いでした。当時のメインバンクの支店長から「止血できましたね」といわれたのを鮮明に覚えています。私も支店長もほっとしたものです。

バブルのときにはどんどんお金を貸してくれた銀行がリーマン・ショックになったとたんに、急に財布のひもを締め始めました。貸し渋りや、貸し剥がしが積極的に行われたのです。その結果、経営状態は良いものの、資金繰りの手当てがつかずに倒産していく企業がたくさん出ました。いわゆる「黒字倒産」です。

いま振り返れば、確かに運もありましたが、やはり無我夢中で取り組んだ改革が功を奏した結果だと思います。フューネはこのように生き延びることができたのです。

ブログから生まれた『感動葬儀。』がフューネの標語に

会社の危機を何とか切り抜けた後の2007年11月からブログを始めました。宣伝にお

金をかける余裕がなかったからです。ブログならネットにアップするだけで自社の宣伝をすることができます。ブログを始めて10年間は2日に1回は書き続けました。いまでも書いていますが、ブログの効果は想像以上のものでした。

そもそも私がブログを始めたのは、フューネの知名度を上げるためでした。フューネは、「フューチャー・ネクスト」と英単語で葬儀という意味の「フューネラル」を掛け合わせたもので、とてもいいネーミングなのですが、いかんせん、発音しにくく、読みにくいという側面があります。

この社名は、私が社長になる前に父が改名したもので、もともとはミウラ葬祭センターといい、豊田市では知名度のある会社でした。そのため、かえって改名したことがアダとなり、「何の業種かわからない」といわれるようになってしまったのです。会社が赤字に転落したのは、前述したように、ＪＡとの業務提携が解消されたことが大きな理由でしたが、社名を変えたことも一因になっていたのです。

当時はライブドアがフジテレビの支配を狙って、親会社のニッポン放送株の敵対的買収をしようとしていた頃です。まるで息子の私が会社を乗っ取って社名を変更したかのようにいわれたりもしました。かといって「フューネ　ｂｙ　ミウラ葬祭」という長い屋号にするわけにもいきません。どうしたら、フューネの知名度を上げることができるのか、散々悩みました。

悩んだ末に思いついたのが『感動葬儀。』という言葉だったのです。ブログのタイトルにも『感動葬儀。』の文字を入れ、フューネは葬儀社なのだとわかってもらえるように、ひたすらブログを更新し続けました。こうして多くのお客さまにフューネは葬儀社なのだと広めていったのです。

ブログを掲載する効果は大きく、そのうちテレビ局が取材に来たり、雑誌がコメントを求めてきたりとメディアへの露出も増えていきました。次第に『感動葬儀。』という言葉が弊社のキャッチフレーズとなり、お葬式のスタイルも明確になっていったのです。それはお涙ちょうだい的な演出ではなく、感じて即（す）ぐ動く『感動葬儀。』を提供するというものです。それが社員教育のための標語にもなり、弊社が前進するための目標にもなっていきました。

その結果、葬儀の品質も上がり、２０１０年には『週刊ダイヤモンド』のアンケート調査で顧客満足度が愛知県で第1位に、2011年には全国で第1位になったのです。そうなると、その記事を見たという人が次々現れ、日本中の葬儀社にもフューネという名前が知られるようになりました。

そのときに、「フューネというのは昔のミウラ葬祭センターのことだったんだ」とみんなが気づいてきて、おかげで社業が一気に飛躍するきっかけとなったのです。

それと同時に「お客さまは本物を提供すれば、絶対に評価してくれる」と実感するようになりました。フューネは父の代から高品質な葬儀の提供を貫いてきましたが、『感動葬儀。』を実現することで、その思いを強くすることができたのです。

■フューネの『感動葬儀。』とは何か?

私は「葬儀は感動がなければならない」と思っています。人を感動させる葬儀は、いつまでもご遺族や参列された方々の心に残ります。それは故人を忘れないということでもあり、故人を忘れないことが供養につながるのです。

フューネが目指す『感動葬儀。』の基本は、おもてなしの心です。たとえば、葬儀担当者の身だしなみを整えるために、クリーニングの回数を増やし、常に清潔感のある服装を心がけています。身だしなみは最低限のおもてなしだからです。

フューネの経営が苦しかったときでも、それを実行していました。葬儀担当者の給料を上げてやる気を引き出し、心遣いのできる品性を身につけてもらうようにしました。

心遣いというのは、お客さまの要望の2手、3手先を読むことでもあります。誰でも思いつくようなおもてなしでは、感動を呼ぶことはできません。お客さまが「薬を飲みたいから、お水をいただきたい」と所望されたとき、湯冷ましをお持ちすれば「気が利いている」と喜ばれるでしょう。しかし、それが富士の名水だったらどうでしょうか？「気が利いている」から「感動した」に変わるに違いありません。フューネが目指すおもてなしとは、一歩先を行く感動をもたらすことなのです。

また、フューネの葬儀にはサプライズが用意されています。それも感動を呼ぶことにつながっています。

たとえば、亡くなった日が故人の誕生日だったとしたら、ハッピー・バースデーのお祝いもします。お葬式に誕生日のお祝いをすることは決して不謹慎なことではありません。むしろ、遺族の方の心にポッと灯火をともすことになり、多少なりとも悲しみが癒されます。参列者の方たちにも一生の思い出に残るお葬式になると思います。

遺族の方や参列者の方たちを感動させるものに、音楽の生演奏があります。いわゆる音楽葬と呼ばれるものですが、フューネでは2000年から標準装備しています。CDを流すのと生の演奏では感動力が違います。故人が好きだった曲であれば、より一層、心が動かされるでしょう。

音楽の生演奏とともに、フューネがこだわっているものにナレーションがあります。ご希望があれば、司会者が故人の生前の思い出を読み上げるのです。葬儀社のなかにはプロの司会者やコピーライターに文章を書いてもらうところもありますが、弊社では葬儀を担当する社員がご遺族からお話をうかがい、完全にオリジナルの原稿を作成します。それだけに心のこもったナレーションが生まれるのです。社員がメモしたものは本人にしかわからないような走り書きで書かれていたりしますが、ご遺族のなかにはナレーションの原稿を所望される方もおり、清書してお渡しししています。

金銭面でいえば、フューネでは、社員にお客さまから心付けをいただかないように指導しています。心付けは、村社会だった日本で、村人が葬儀のお手伝いをするのが習慣だった頃の名残のようなものです。感謝の気持ちとして心付けを渡していたのです。

しかし、現代社会ではプロの葬儀社が冠婚葬祭を取り仕切り、それに対して葬儀代金をいただいています。心付けをもらうことは葬儀料金の不透明さを高め、ひいてはお客さまの信頼を損なうことにもなりかねません。それゆえフューネでは、奉仕料として葬儀代金の金額に応じた一定の料金をいただくことにして、心付けは一切受け取りません。これは社員に厳しく命じています。

また、一般的に、葬儀に関してよくいわれることは「見積もりより高くなった」という苦情です。これは葬儀代金を安く見せようとして、香典返しの品や食事の数を少なく見積もることで起こります。その結果、追加注文するものが増え、結果的に葬儀代金が高くなってしまうのです。

フューネでは、たとえば、お通夜の食事が足りなくなることのないように多めに予算を組んだりします。よいサービスを提供するためには削ってはいけない項目があり、そのために他社より高めの見積もりになることもあります。

しかし、見積もりより高くなることは決してありません。むしろ、「予定より安くすんだね」といわれることの方が多いのです。葬儀代金が明朗会計であることも、お客さまに信頼される所以であると思っています。

■東日本大震災がターニングポイントに

2011年3月11日に起こった東日本大震災。日本中の人々が被害の大きさに茫然とし、暗澹たる気持ちになる大災害でした。震災による死者・行方不明者は1万8000人を超えました。私どもの業界も大きな影響を受けました。事実、廃業を余儀なくされた葬儀社も多かったのです。

この災害以降、それまで忌み嫌われる言葉だった「死」が身近なものとしてとらえられるようになったのではないでしょうか。

人間は元気なときには、「死」を意識することはありません。「死」を意識するのは、自分が病気になったり、身近な人が亡くなったりしたときで、心が弱っているときに考えるものです。そういう意味で、東日本大震災による未曾有の大災害は人々の心に大きな変化をもたらしました。「人は、いつかは死ぬ」という自明の理を突きつけられたのです。

翌２０１２年には「終活」という言葉が流行語大賞のトップ10にノミネートされました。これは東日本大震災が、多くの日本人に自分の死をどう迎えるかを意識させることになったという証左でしょう。

当時、すでにブログを開設していたフューネでは、「終活」という言葉を検索して弊社にたどり着くお客さまが少なからずいました。

現在、フューネではネットからの葬儀の依頼が50％を超えています。もはやホテルをネットで予約するように、葬儀社をネットで予約する時代になったのです。弊社の公式ホームページのアクセスは7割がスマートフォンからです。

ＩＴ企業が葬儀関連のポータルサイトを開設し、飛躍的に売り上げを伸ばしています。葬儀社の紹介で稼ぐ——葬儀社としては忸怩たるものがありますが、いまの時代、いたしかたないのかもしれません。

東京23区内では霊柩車の配車アプリやご遺体専用のホテルも登場しています。ホテルと霊柩車さえあれば、ＤＩＹ葬儀ができるというわけです。東京都内であれば、葬儀社を通さない低価格の葬儀ができるようになり、葬儀社にとっては危機的状況といえるでしょう。

それだけに葬儀の中身を高品質にすることが重要になってくるのです。私が社長になってから10年以上が経過し、経営危機を脱することができ、また成長軌道に乗せることもできました。しかし、現状に甘んじることなく、常に向上心を持って経営にあたらなければならないのは当然のことです。

第2章

葬儀社の2代目社長が見た事業承継の現実

■深刻化する中小企業の後継者不足

事業承継の現状をひと言でいえば、後継者不足ということになります。実際、帝国データバンクが2017年に発表した「後継者問題に関する企業の実態調査」によると、実に国内企業の3分の2にあたる66・5％が後継者不足だと報告しています（図表1）。

これは33万4117社（全国・全業種）を対象にした調査で、11万1860社が「後継者あり」と答える一方、22万2257社が「後継者不在」という回答になっています。社長の年齢別で見ると、60歳代では半数以上、80歳代では3社に1社で「後継者がいない」という状況です（図表2）。

また、2017年版「中小企業白書」によると、4036社のうち、「後継者が決まっている」（41・6％）、「後継者候補あり」（27・5％）、「後継者候補もいない、未定」（30・9％）となっており、「後継者が決まっている」「後継者候補あり」のうちの81・5％が自分の子どもを後継者にすると回答しています（中小企業庁委託「企業経営の継続に関する

図表1 地域別・後継者不足の割合（%）

地域別	後継者不在率	2016年	2014年	2011年
北海道	74.0	74.0	72.8	71.8
東北	64.6	64.0	65.0	65.3
関東	68.1	67.4	66.3	67.9
北陸	57.1	55.7	56.8	56.4
中部	67.3	66.5	65.6	65.6
近畿	67.9	68.7	68.7	68.6
中国	70.6	71.1	71.5	71.3
四国	52.2	50.7	48.7	49.0
九州	60.7	59.9	57.7	57.7
計	66.5	66.1	65.4	65.9

※「北海道」の不在率は74.01%、2016年は74.00%

（出典：帝国データバンク）

図表2 社長年齢別の後継者不在率（%）

社長年齢別	後継者不在率	2016年	2014年	2011年
30歳未満	92.1	94.5	92.9	88.8
30歳代	92.4	91.3	90.7	89.6
40歳代	88.1	88.0	87.4	85.9
50歳代	74.8	75.7	74.3	72.9
60歳代	53.1	54.3	53.9	54.5
70歳代	42.3	43.3	42.6	42.7
80歳以上	34.2	34.7	34.2	34.1

※社長年齢が判明した30万860社が対象

（出典：帝国データバンク）

アンケート調査」2016年11月・東京商工リサーチ)。

しかし、このアンケート調査では、後継者を決定するにしても、後継者の選定を始めてから本人の了承を得るまでに1年以内で決まるケースはわずか20・5%であり、1年超3年以内が42・2%、3年超が37・1%と、すぐには後継者が決まらない状況が垣間見えます。

さらに、日本政策金融公庫総合研究所が2016年に公表した調査によると、調査対象約4000社のうち、60歳以上の経営者の約半数が廃業を予定していると回答しています。その理由は、「当初から自分の

図表3 廃業予定企業の廃業理由

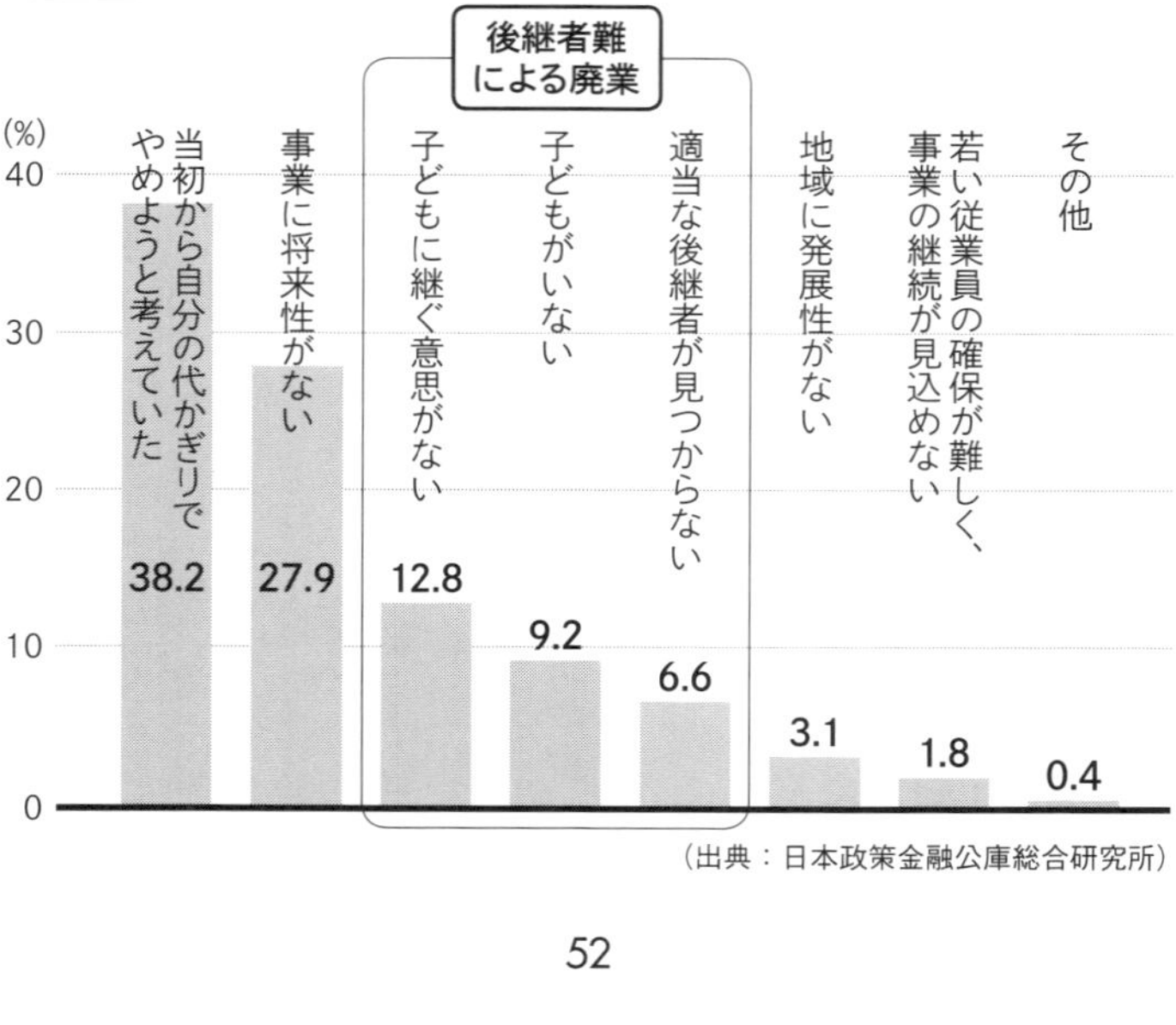

(出典:日本政策金融公庫総合研究所)

代かぎりでやめようと思っていた」（38・２％）がもっとも多く、次いで「事業に将来性がない」（27・９％）と続き、「子どもに継ぐ意思がない」「子どもがいない」「適当な後継者が見つからない」という後継者難を挙げる経営者が28・６％に上っています（図表３）。

一般的に、フューネのような中小企業の場合、事業承継は経営者の子どもが対象になります。その子どもが事業を継ぎたくないとなれば、たとえ黒字であっても廃業するか、M&A（企業の合併・買収）をするしかありません。

子どもが家業を継ぎたがらないもっとも大きな理由は、会社の利益が出ていないことでしょう。これが日本の現状だと思います。儲けが出ていて、誰もがうらやむような会社であれば、子どもも家業を継ぐ気になるのではないでしょうか。

私の場合、JAとの関係で社長になった途端に給料が半分になりましたが、前述した通り、計画を変えたくないという理由で踏ん張ることができました。しかし、多くの後継者は、給料が半分になるような会社を継ぎたいとは思わないでしょう。

さらに、別の理由として、子どもの職業選択の自由を尊重する考え方が広がっていることが挙げられます。実際、私の父も「家業を継げ」とはいいませんでした。私自身、祖母の葬儀を見るまでは事業を承継しようとは思っていなかったのです。昔のように、当たり前に親から子へ事業承継が行われる時代ではなくなっているといえます。

たとえば、子どもが好きな道を選び、その仕事が天職だと満足している場合、そこを辞めてまで家業を継ぐとは思えません。たとえ、継いだとしても事業承継が成功するとはかぎりません。やはり家業を継ぐ側にも向き不向きはあります。昔は、商売人の子（長男）は商売人になるという暗黙の了解がありましたが、いまはそういう時代ではなく、そこがむずかしいところだといえます。

COLUMN 1

中小企業の大廃業時代到来

２０２５年以降、日本の高度経済成長を支えてきた団塊の世代が後期高齢者（75歳以上）に達します。団塊の世代とは１９４７年〜49年生まれの人々をいい、約６３８万人と人口も多いため（２０１５年の国勢調査）、後期高齢者全体の数も大きく膨れあがり、日本の全人口の４人に１人が後期高齢者になるといわれています。

この世代の中小企業の社長が引退の時期を迎えると、人数が多いだけに日本経済への影響は計り知れないものになると予想されます。事業承継がうまくいけば問題はありませんが、本文で述べたように後継者が決まっていない中小企業が多いというのが実情です。後継者が決まらなければ、たとえ業績がよくても廃業するしかなくなります。

いま、絶滅の危機にある企業は、なんと約１２７万社もあるそうです。そのなかには、「痛くない注射針」として有名な岡野工業も含まれ、すでに廃業に追い込まれています。岡

COLUMN 1

野工業が製造する注射針は、赤ちゃんや糖尿病患者のインスリン注射にも使われるもので、世界に誇る企業であるにもかかわらず、後継者が見つからずに廃業しているのです。

また、創業１３４年になる和菓子の花月堂も業績不振に設備の老朽化、後継者不在が重なり、廃業しています。そのほか、伝統工芸の越前和紙や関門海峡を一望する老舗料亭・山水園、昭和30年代に「地球ゴマ」が大ヒットしたタイガー商会なども廃業の憂き目に遭っています。

一方、すでに廃業した企業のなかには、売却に成功したところもあります。それが「世界一書きやすいチョーク」の羽衣文具で、２０１５年に廃業するも、韓国のメーカーへの事業譲渡が成立、その技術が引き継がれることになりました。また、秋田市のレトロうどん自販機を営業していた佐原商店も「道の駅」に売却されています。

中小企業のなかには、日本の伝統を受け継ぐ老舗の会社もあり、後継者不在で廃業に追い込まれるのは本当に残念なことだと思います。

事業承継させる側とする側の意識の断絶

私がフューネを承継する際、社員の給与に関して父との意見の相違があり、大ゲンカをしましたが、これは私たち親子だけのことではありません。実際問題として、事業承継させる側の親の代と事業承継する側の子どもの意識は大きく異なっています。

親の代というのは、具体的にいうと団塊の世代です。団塊の世代の人たちは、大雑把にいえば、お金で動く人たちです。ものが豊かでない時代に青春を迎えているため、物欲が強く、給料を上げてもらえれば、それが働く意欲につながっていました。売り上げを伸ばすために休日返上で働き、日本の高度成長期を支えてきたのです。

しかし、事業承継する側の子どもの意識は違います。収入はそこそこでいいから、時間的なゆとりを持ちたいと思っています。給料をアップしてもらうより、１週間の休日をもらいたい、そしてハワイ旅行をしたいと考える世代なのです。

このように、親と子の間では仕事に対する価値観がまったく違います。私の父もそうでしたが、団塊の世代は、高級車に乗るとか、ゴルフの会員権を購入するとか、そういう成功者のイメージを持っています。したがって、事業承継をさせる子どもにも「社長になったら24時間働くのが当たり前」「お金を儲けることが経営者の使命だ」という価値観を押しつけようとします。

私はコンサルタントとして、事業承継をさせる側の親と事業承継をする側の子どもの両方にアドバイスしていますが、親の方には「働き方についての考えを変えないと、事業承継はうまくいきませんよ」と話しています。もちろん、仕事に対する姿勢については父親を尊敬すべきだし、実際、子どもの方も親を尊敬しているのですが、親の働き方を認めてはいないのです。親の価値観を子どもに押しつけようとすると、事業承継はうまくいきません。

いくら親のDNAを受け継いでいるといっても、育ってきた環境や時代背景が違えば、価値観が異なるのも当然です。そこは親の方が理解しないといけないと思います。

そもそも高度成長期の日本は、自分ががんばれば売り上げが自然にアップする時代でした。しかし、いまは一生懸命に努力しても現状を維持できれば良いほうで、利益を伸ばすのは並大抵のことではありません。

そういう時代に積極的に跡を継ごうと思う人は少なくなって当然でしょう。いまは大企業でもプロの経営者にお願いすることが多くなっています。中小企業でも、会社の規模が大きければ大きいほど、経営の舵取りも大変になりますから、外部から人材をヘッドハンティングするケースも見られるようになりました。

しかし、それは本来の事業承継ではありません。なぜなら、創業家から跡継ぎが出て家業を継ぐことが銀行などの信用につながっているからです。外部からプロの経営者を連れてきても、銀行は「一体、何者なのだ？」と不審に思ってしまいます。

株式市場に上場しているような大企業は、すでにしっかりとした組織ができあがっていますから、ヘッドハンティングしたプロの経営者でも許されるでしょうが、中小企業の場合は違います。親から子への承継こそが信用につながっているのです。

■事業承継がうまくいっている会社とは

事業承継がうまくいっている企業として筆頭に挙げられるのは、私の地元である豊田市に本社がある「トヨタ自動車」といえるでしょう。国際的な大企業でありながら、創業家から跡継ぎが生まれています。事業承継がうまくいっているレアなケースといえるでしょう。

事業承継を行うといっても、創業家の血筋の子どもなら誰でもいいというわけにはいきません。一定レベル以上の優秀さがないといけないし、一定レベル以上のやる気が必要だし、一定レベル以上のセンスと体力、そして一定レベル以上の交友関係が必要になります。これらをクリアして初めて事業承継が成り立つのです。

最近の事業承継でうまくいったケースは「ジャパネットたかた」です。前社長の髙田明氏がテレビで商品を紹介する手法でヒットし、どんどん業績を伸ばしました。そのイメージが強いため、髙田前社長がテレビに出なくなったら、経営が危なくなるのではないかと思われていましたが、それは杞憂に過ぎませんでした。

現社長である息子の旭人氏には、マーケティング力や商品開発のセンスがあります。それは父親以上といえるでしょう。いまはＩＴに力を入れていて、それがうまくいっています。父親の経営戦略のいいところを引き継いで、それを生かしながら売り上げを伸ばしているのです。

家業の経営から離れた父親の明氏は何をしているかというと、サッカーのＪ２のＶ・ファーレン長崎の社長に就任し、そちらに活躍の場を移しています。引退した父親が他のことに関心を移し、本業から手を引くことは非常に重要なことだと思います。

私の父もそうでしたが、社長を退いても、数年経って隠居生活に飽きてくると経営に口出ししたくなってくるものです。父が「やっぱり、現場をやりたい」といい出したときには、どうしたものかと思案しました。それを許したら、私が構築した葬儀のオペレーションについても「昔はこうだった。どうして、変えたんだ?」などと文句をいい出すことは目に見えています。

文句をいうだけならまだしも、仕事のやり方にまで割り込まれると、会社の経営はうま

船頭は一人に……

くいかなくなります。会社に船頭が2人いては社員が混乱してしまい、意思統一が図れなくなってしまうからです。

ちなみに、口うるさい私の父には、フューネから散骨事業を切り離して別法人にして、そこの社長をやってもらっています。「悔しかったら、自分のやり方で利益を上げたらどうですか」というわけです。

ご隠居さんというのは、いったん経営から退いたら、子どものやり方に口出しすべきではありません。前社長がしゃしゃり出てくると、経営がおかしくなります。そういうケースをたくさん見ているので、コンサルタントをしている現場でも、そのことは口が酸っぱくなるほど忠告しています。

祖業の精神を忘れない会社は事業承継もうまくいく

現在、フューネは葬儀社ですが、もともとは花屋でした。昭和29年に「三浦生花店」として創業したのが始まりです。そして、父の代で葬儀社に転業し、私で4代目になります。

祖業が花屋だったということは忘れてはいけないことです。なぜなら、それがフューネの原点だからです。

「葬儀をやるために花を売っているのではなく、うちは花を売るために葬儀社をやっているんだぞ」

そう、いつも社員には伝えています。花屋であったという原点を忘れてしまったら、フューネのお葬式の花はダメになってしまいます。他の葬儀社との違いを問われたとき、「うちは花屋が前身なので、お花を大切にしています」と社員が口をそろえていえれば、フューネの花のクオリティはどんな時代が来ても、他の葬儀社よりも高くなるでしょう。

たとえ、経営が厳しくなって何かを削らなくてはいけなくなっても、決して生花のレベルを下げることはしません。むしろ、生花のレベルを上げることを考えます。そういう意味で、祖業が何であったかはすごく大事なことだと思います。

たとえば、トヨタ自動車も、前身は織機の会社でした。トヨタグループの創業者である豊田喜一郎の父、佐吉は大工の父の手伝いをしながらバッタン付き織機を改良し、その後、動力織機を発明、豊田商店を大きくしていったのです。

佐吉が動力織機を発明した背景には、生まれ育った湖西地方が遠州木綿の産地で綿織物業が盛んだったことがあります。佐吉の母親も昼は農作業に従事し、夜は機織りに精を出していました。その機織りの仕事を少しでも楽にさせたいと、動力織機を発明したといわれています。

佐吉は織機の改良を続け、織り出す綿布の質が高いと評価され、事業が発展していきます。佐吉の息子、喜一郎も父とともに豊田自動織機製作所の発展に寄与しますが、その一方で将来に向けて事業の多角化を考え、自動車事業に進出していくのです。

トヨタ自動車の創業者は豊田喜一郎ですが、その前身の豊田自動織機製作所があったからこそ、現在のトヨタ自動車が発展したともいえます。祖業である豊田自動織機製作所は社名を豊田自動織機と変えて、いまもトヨタグループのトップに君臨します。それくらい祖業は大切にされ、その精神までもグループに受け継がれているということでしょう。

それは家業を受け継ぐ者にとっても大きな意味を持ちます。祖業の精神を忘れてしまったら、事業承継もうまくはいかなくなると思います。

伊勢神宮の式年遷宮に見る究極の事業承継

伊勢神宮では、20年に1度、式年遷宮が行われます。これは究極の事業承継といえるでしょう。「式年」とは定められた年をいい、「遷宮」とは宮を遷すことをいいます。つまり、式年を20年とし、遷宮として殿舎を別の敷地に造営しているのです。20年ごとに遷宮を行うことは、皇大神宮の行事や儀式など23箇条を記した『皇大神宮儀式帳』に「常に二十箇年を限りて一度、新宮に遷し奉る」とあり、『延喜太神宮式』にも「凡（おおよそ）太神宮は廿年（はたとせ）に一度、正殿宝殿及び外幣殿を造り替えよ」と記載されています。

この式年遷宮は飛鳥時代に天武天皇が定め、初めての遷宮は天武天皇の皇后であった持統天皇が西暦690年に行っています。それ以来、約1300年の長きにわたり、戦国時代などの一時期を除き、20年に1度、式年遷宮が行われてきたことになります。

なぜ、20年に1度なのかは、どの書物にも書かれていません。これは推測でしかありませんが、神殿を造り替えることで唯一神明造という弥生時代の建築技術や御装束神宝などの調度品の作り方を後世まで伝えることができるという意味があったのでしょう。また、20年に1度、神殿を造り替えれば、常に清らかな神殿で神の生命力を蘇らせることができるからではないか、ともいわれています。

おそらく20年という歳月は、職人が存命中に次の世代に技を継承する期間として最適だったのではないかと思います。これは現代の事業承継にもいえることです。いまは昔と違って子どもの親離れも遅くなり、親自身の寿命も長くなったことから、社長業をする期間も30年ぐらいになっていますが、昔は20年ほどで子どもに家業を譲っていたのではないでしょうか。

また、式年遷宮は単純に20年に1度、神殿を造り替える行事だけがあるわけではありません。約30もの行事と祭典を合わせて式年遷宮と称し、実際には8年も前から遷宮に向けて行事や祭典が執り行われています。事業承継にはそれだけの準備期間が必要だということでしょう。

私は葬儀を通じて、中小企業が倒産するのを数多く目にしています。先代の社長が突然亡くなり、半年後に訪れてみたら会社が倒産していたということもあります。先代の営業力で利益を上げていた会社が先代の死によって営業力が落ち、売り上げが止まってしまったとか、飲食店などの場合は、先代の味を再現できず、それが原因で売り上げが落ちてしまったということも少なくありません。

つまり、事業承継は先代が元気なうちにやらなければ意味がないということです。前もって子どもの意思を確認し、事業承継に向けて準備をしなければ、いざというとき、にっちもさっちもいかなくなってしまいます。

事業承継させる側の親は、そのことを意識しなければならないし、事業承継する側の子どももそのことを認識しなければならないということでしょう。

中小企業経営者の家族葬が増えている?

近年、お葬式に「家族葬」を選ぶ人が増えています。家族葬とは、家族や親族、親しい友人や知人だけで、こぢんまりと行うお葬式のことです。参列人数はだいたい30人までといったところでしょうか。

もちろん、故人と生前親しくしていた人たちだけで別れを惜しむ方が充実した時間を持つことができるでしょう。お付き合いでお葬式に参列されるよりは、本当にその方の死を悼んでくれる人に集まってもらってお別れしたいと思うのは当然のことです。

しかし、中小企業の経営者が家族葬をやってはいけません。いまは何でも簡素なのがいいという時代の流れなのか、社長のお葬式なのに家族葬をする人もいます。

「はじめに」にも書きましたが、お葬式というのは、家を継ぐ子どもにとっては「襲名披露」の場になります。「次の代は私が継ぎます」というあいさつをすることになるのです。

喪主には、故人の名代という役割があり、昔は白装束を着たものです。それは、故人の代わりにあいさつをするということを意味します。

中小企業の経営者のお葬式は、事業承継の原点ともいえるのです。喪主となる子どもが堂々とあいさつをすれば、取引先の社長や銀行の担当者も「これなら安心だ」と思うことでしょう。

葬儀の場というのは出会いの場でもあります。国の元首や要人の葬儀に「弔問外交」という言葉があるように、葬儀の場がふだん接することのない人たちとも知り合うきっかけになるのです。なかには、弔問の場で知り合って結婚したという話もありますし、そこで紹介された人とビジネス・マッチングすることも可能です。そういう出会いの場を提供してくれたのは、亡くなった故人の「仏縁」ともいえます。

仏縁と襲名披露というキーワードは、私が葬儀でもっとも大切にしていることでもあります。そういう意味で、中小企業の経営者の葬儀を家族葬で行うことは、仏縁と襲名披露の場を逃してしまうことになります。それは非常にもったいないことだと思います。

葬儀を通して見えてくる事業承継の成功と失敗

葬儀社にはその家の裏事情が見えますから、先代の経営者が亡くなった場合、事業承継がうまくいきそうかどうかがわかります。子どもたちの仲が悪かったり、親戚同士がいがみ合っていたら、相続争いが起こってしまいます。そういうところは、数年後に会社がなくなっていることが多いように思います。

息子さんが喪主として立派に務めを果たせるか心配なときには、葬儀社として「喪主にはしゃべらせない」という提案をすることもあります。親戚の人を名代に立ててあいさつをしてもらうとか、葬儀委員長を立てて葬儀を執り行ってもらったりするのです。

喪主があいさつをしなくてもいい演出はいくらでもできます。そうした提案をできるかどうかもまた葬儀社の腕の見せどころでもあるのです。

先代が亡くなった後、成功した事例としては奥さんが後を継ぐという形があります。専業主婦だった奥さんが奮起して経営者になるというのはよく聞く話です。ケース・バイ・ケースですが、奥さんが喪主をやるような会社は、その後の経営が安定しているように思います。

本来は息子が喪主を務めるものですが、息子が心もとないという場合には母親が喪主を務めるというケースもあります。その後、息子を社長にして、母親が院政を敷くということもあるでしょう。先代の突然の死を乗り越えられるのであれば、それもまた一つの方法だと思います。母親が院政を敷いている間に、息子に事業承継する準備を整えさせればいいわけですから。

いずれにしても、死は突然、訪れることもあります。親は自分が元気なうちに事業承継について考えておくことが重要だといえます。

事業承継をするために必要な教訓とは

私が中小企業の経営者の葬儀を見てきて思うことがあります。それは事業承継がうまくいかなかったケースから得た教訓ですが、3つあります。

まず、1つ目として、事業承継をする者の優先順位を決めておくということです。兄弟がいる場合は、子どもの頃から兄を跡継ぎと決めて育てると、事業承継のときにもめることがありません。いまは何でも平等がいいという価値観があって、兄弟を分け隔てなく育てることが多くなっていますが、事業承継に関していえば、最初から誰を跡継ぎにするか決めておくことが大切だといえます。

2つ目は、事業承継をさせる者は必ず遺言を残すことです。会社なのに、先代の社長が遺言を残していないことがあり、そのために遺産相続でもめたりするのです。会社を誰が継ぐのかについても、骨肉の争いに発展することもあります。

そして３つ目は、人間関係を大切にすることです。先代が亡くなってみたら、家族の知らぬ間に愛人を作っていて子どもまでいたということもあります。あるいは、自分が社長になれると思っていたら、父の死後、株を持っていなくて会社から追い出されてしまったというケースもありました。先代が生きているうちに事業承継については話し合っておく必要があります。

また、息子がいても事業承継がうまくいかないケースもあります。

先代が亡くなってご自宅にうかがったとき、後継者と思われる人がいないなあと思っていたら、実は優秀な息子さんがいて外交官になっていたということがありました。そういう場合、昔なら外交官の道を諦めてでも会社を継いだのでしょうが、いまは時代が違います。会社の経営者より外交官としての活躍が期待されるのであれば、その道を選んだ方がいいと思います。その方が日本のためにもなるでしょう。

前職を辞めて会社を継いだケースも見ていますが、うまくいかないことの方が多いように思います。

たとえば、息子が大手銀行の社員の場合。親が急に亡くなったため、銀行を辞めて事業を継ぐことがあります。本人は一流のエリート・サラリーマンだという自負があるので、会社経営もできると思い込んでいるのですが、サラリーマンと経営者は立場が違います。経営者としてのキャリアもなければ、経営の勉強もしていません。突然、経営者になっても、うまくいくはずがないのです。

それに加えて、エリート・サラリーマンは順風満帆で人生を歩んできた人が多く、それだけに社員の人心掌握術にもたけておらず、社員をまとめることにも苦労します。自分に経営のノウハウがないのに、社員に頭を下げることができず、自分で何でもやろうとして失敗することもあります。

もちろん、なかには成功する人もいますが、それは人の心の機微がわかる優れた人柄である場合に限ります。親が息子に事業承継させたいと思うなら、それを事前に伝えておくことが必要でしょう。そうでなければ、突然、経営者になってうまくいくほど社長業は甘くはないのです。

COLUMN 2

プロ野球の監督交代は事業承継？

プロ野球の監督人事というのは、ある意味、事業承継だと思うことがあります。会社の事業承継から見ると、プロ野球の監督人事も年功序列でチームに貢献した人が順繰りに就任すればいいと思いますが、実際にはそうはなっていません。なぜなら、会社の事業承継と違ってチームを早急に変革する必要があるからです。

もちろん、先任の監督のすばらしいところは真似すればいいと思いますが、だいたいにおいて、監督人事はチームが低迷しているときに行われることが多いですから、大胆な変革が求められます。そうなると、新監督の強力な個性と指導力が必要となります。

その点が会社の事業承継との違いでしょうか。とはいえ、会社も経営を維持し、さらに発展させるためには変革が必要です。本文でも述べたように、最初の3年間は先代の

COLUMN 2

やり方を踏襲することが大切ですが、その後は自分なりのやり方を実行すべきです。

事業承継という視点でプロ野球の監督人事を見ていると、勉強になることもあります。自分がオーナーだったら、誰を監督にするだろうと想像するのも楽しい時間です。社長にとってはどんな情報も経営の糧になります。プロ野球を楽しみながら、選手をどう采配するかも社長業の人心掌握術につながると思います。

第３章

事業承継に失敗しない重要なポイント

■親は自分の価値観を押しつけず、子は努力を怠らない

一般的に事業承継の本というと、事業を承継させる側、つまり、親である先代が書く本が多いように思います。そうすると、親の目線で書くことになるので、親の価値観が反映された本になります。

前述したように、親の価値観と子どもの価値観はまったく異なります。生まれた時代や育った環境が違えば、価値観が違って当然です。親の代では当たり前であった常識が、子どもの代では非常識なこともあるのです。

私は事業承継をさせる側とする側の両方に対してコンサルタントをしていますが、どちらか一方だけが正しいということはありません。お互いの価値観をすり合わせ、理解する先に、その会社にとって理想的な事業承継の形があるのです。

その際、気をつけたいのが「親の価値観を押しつけない」ということです。高度成長期に成功した記憶を持っている先代は、その価値観を子どもにも強要しようとします。しか

し、時代が違えば、その価値観は通用しないことも多々あるのです。

ともすると、親は子に対して「俺はこうだった」「このやり方が正しいんだ」などといいがちですが、そうした言葉は、子どものやる気を損ねてしまいます。子どもには子どもの考え方があるのです。それを頭ごなしに否定してしまっては、うまくいくものもうまくいかなくなってしまいます。

一方、事業承継する子どもに関していえば、「何でも親のせいにしてはいけない」ということがいえます。

昔、学生の頃に聞いた話ですが、親から子に遺伝するのは40%で、残りの60%は自分の努力によって人生が構築されていくそうです。

私は生まれつき耳に軽い障害があり、日常会話に不自由はしませんが、日によってはよく聞こえないことがあります。しかし、そのことで親を恨んだことはありません。いまは補聴器の性能もよくなっています。耳の調子が悪いときは補聴器を使えばいいのです。それで普通に仕事もし、人と話をしています。

耳に障害があるから補聴器を使うというのは、自分の努力の範疇に入ります。世の中には、体に障害があるからと親を恨み、何の努力もしない人がいます。あるいは、容姿にコンプレックスを持ち、それは親の遺伝だと逆恨みする人もいますが、たとえそうであっても努力のしようはあります。

「どうせ何をしてもダメだ」と、寝癖のついたボサボサの頭で会社に来たら、どうでしょう？　身だしなみを整えることは、社会人にとって必要最低限の努力だと思います。そういうことに親の遺伝は関係ありません。自分の心がけ次第で、自分のマイナス面をカバーすることはできるのです。

60％の努力があれば、遺伝子から受け継いだものが０％だったとしても60点は取れます。それはすごく大事なことだと思います。この世の中、60点を取れれば、なんとかなります。実際には親からもらった才能は０％ではないわけで、少なくとも70点や80点は取れるはずです。

事業承継して会社経営がうまくいかなくなったとき、親のせいにするのは簡単ですが、それは自分の努力不足だと自覚することが大切だと思います。

ここが事業承継のむずかしいところですが、家業を継いだからには決死の覚悟が必要です。事業が失敗すれば、悲惨な結末が待っています。最悪の場合、倒産あるいは自己破産にまで追い込まれることもあるのです。事業を承継する側には、命がけでやる気概が必要だといえるでしょう。

世襲の強みは、生まれながらにして「帝王学」が身につくこと

親から家業を受け継ぐ人間には「帝王学」が必要です。創業者には自分で道を切り開く才覚があったわけですが、次の代に事業を承継させたいのなら、子どもの頃から社長となるべく、帝王学を身につけさせた方がいいでしょう。

帝王学とは、王族や伝統ある家系・家柄などの特別な地位の跡継ぎに対して、幼少の頃から家督を継ぐまでの間、特別な教育を施すことをいいます。たとえば、日本の天皇家は歴然とした皇位継承の流れを受け継ぎ、初代の神武天皇から１２６代となる今上天皇まで、生まれたときから帝王学が授けられ、それが脈々と受け継がれてきました。

また、日本には、創業１００年を超える老舗企業が10万社以上あるといわれ、世界でも

っとも数が多いといわれています。そのなかには、飛鳥時代に始まり、創業1400年を超える建設業の「金剛組」や、創業1300年になる北陸の旅館「法師」、創業1400年を超える華道の「池坊」、創業1000年の和菓子店「一文字屋和輔」などがあります。

こうした老舗の会社に共通するのは、生まれた瞬間から後継指名をするということでしょう。日本には「長幼の序」という言葉があり、年長者と年少者との間には一定の秩序があるとされています。もし、男の子が2人生まれたら、先に生まれた長男が家業を継ぐということです。そうすれば、家業を継ぐ段になって、兄弟で争うようなことは起こりません。そして、長男には幼少の頃から帝王学を叩き込むのです。

私が子どもの頃に父親から受けた帝王学は「葬儀屋は儲かるぞ」という言葉でした。いまから思えば、葬儀社の経営はそんなに甘くはなかったわけですが、仕事に対して「楽しそうだ」という印象を与えることは非常に重要です。

もし、毎日、疲れた顔をして帰ってきて仕事の愚痴ばかりをいっていたら、家業に対してマイナスのイメージを持たせてしまいます。そんな環境で育てられて、大人になってから「家業を継げ」といわれても、その気にはなれないでしょう。

父親から受けた帝王学で印象に残っているのは、子どもの頃の盆踊り大会での出来事です。私には妹が2人いますが、父親が大会の役員をしていた関係で、屋台のお菓子を並ばずに買ってもらっていました。

ところが、私にはそういうことはしてくれません。私に「順番を守る」という決まり事を学ばせたかったのでしょう。「一番後ろに並べ」といいます。妹たちと同じにはできないのです。「きちんと並んでお菓子を買うのが当たり前。物事には順序があるのだ」と教えることは、帝王教育の一つだと思います。

帝王学の必要性をひと言でいうと、「知らないよりは知っていた方がいい」ということに尽きます。たとえば、ケンカの必勝法として、よくいわれることは「相手が100知っているとしたら、101知っている方が勝つ」ということです。確率論ですが、選択肢が多い方が有利なのです。

帝王というのはナンバーワンであることを意味します。トップたる者、あらゆるものについて知っていることが求められます。もちろん、現実的にはすべてを知ることはむずかしいでしょうが、相手より一つでも多く知っていることがトップであることの必須条件ともいえます。

たとえば、法律に関しても、どんな条文でも知らないよりは知っている方がいいし、吉野家の牛丼しか食べたことのない人より、帝国ホテルで鉄板焼きを食べたことがあるとか、大間のマグロを食べたことがあるとか、そういう小さなことから大きなことまで、人より知っていることが社長業には有利に働きます。

3億円のマグロを食べたことがあれば、「普通のマグロとたいして変わらないよ」と自信を持っていえます。それが相手に対する説得力につながるのです。想像で話すのと、実際に食べた経験があって話すのとでは、相手の自分に対する信頼度に大きな差が出ます。

それは遊びについても同じです。銀座の高級クラブで飲み歩いたことがあれば、そこがどういう世界かがわかります。知らないよりは何でも知っている方が自分の視野も広がります。もちろん、遊びにおぼれてしまっては本末転倒ですが、社長業をしていれば、どんな経験でも役立つことがあるのです。

COLUMN 3

世界最古の会社「金剛組」

日本には西暦578年から大阪・四天王寺のお抱え大工として、1400年以上もの長きにわたり、脈々と職人の技を受け継いできた会社があります。それが「金剛組」という組織で、そもそもは聖徳太子が百済の国から3人の工匠を招聘したのが始まりです。その1人である金剛重光が四天王寺建立後も日本の地に留まり、寺を守り続けてきました。金剛重光の技は2代目、3代目と受け継がれ、戦国時代には四天王寺が幾度も焼失していますが、その度に見事に再建されたのです。しかし、江戸時代まで四天王寺のお抱えの宮大工として禄に預かっていた金剛組も、明治元年に神仏分離令が出されると禄を廃止されてしまいます。

その後は苦難の歴史が始まり、自力で営業し、昭和30年に株式会社「金剛組」が発足。

COLUMN 3

寺院関係だけでなく、広く一般建築も手がけるようになりました。第二次世界大戦の戦火を経て、台風、地震、火災などに強い鉄筋コンクリート工法にも着手。日本建築本来の優雅さや木の暖かみなどを損なわない独自の工法を編み出しています。

平成18年に経営難により他社からの出資を受けることになりましたが、約１２０人もの宮大工が１４００年以上の伝統に培われた技を現代に伝えています。現在は大手建設会社のグループ会社となっていますが、事業承継という意味では他に類を見ない成功事例といえるでしょう。

帝王学は大人になってからでも学べるが、時間はかかる

帝王学は子どもの頃から教える方が自然と身につくので、本人にとっては苦労が少ないと思いますが、家業を継ぐとわかった段階で始めても十分、間に合います。経営者セミナーに顔を出したり、銀座の高級クラブに行って飲んだり、高級レストランに行ってテーブルマナーを覚えたり、歌舞伎や能、茶道などの日本文化に触れたり、いろいろな経験をすればいいと思います。

たとえば、東京スカイツリーに登って最上階から東京の街を俯瞰してみるのもいいでしょう。地上での出来事が些細なことだと思えるし、細かいことを心配してもしかたがないと気持ちが楽になったりします。小さな家々や林立するビルによって東京という街が成り立っていると知るだけでも、視野が広がります。また、アニメの『ライオン・キング』を観るのもおすすめです。あれはまさに帝王学を描いているものだと思います。

ただし、やはり事業承継を考えるのであれば、子どもの頃から親の背中を見せて育てる

ことが大切だと思います。日々の暮らしのなかで帝王学を身につければ、家業を継ぐ段になって苦労することはありません。

たとえば、明治維新の革命政府。明治維新の立役者として西郷隆盛や大久保利通、木戸孝允などの名が挙げられます。彼らは幕末のヒーローにはなりましたが、家柄も低く、いわゆる帝王学は学んでいませんでした。そのため、文明開化が必要だといって、ちょんまげを切り、洋服を着てみたり、西洋料理を食べたりして苦労したのです。

それは西欧列国と対等になるための必死の行動でした。海外に視察に行き、日本になかった最先端の技術や文化を持ち込んで第一人者となり、なんとか威厳を保とうとしたのです。しかし、政権のトップには岩倉具視などのお公家さんを担ぎ、国としての体裁を整えたのも事実です。

結局、そうした帝王学を体系化して伊藤博文が総理大臣になるまでには、20年弱かかっています。式年遷宮も20年ごとに行われていますが、1世代を20年とすると、帝王学が確立して総理大臣を輩出するまでに20年かかったということになります。つまり、明治政府は1世代遅れで生まれたともいえるのです。

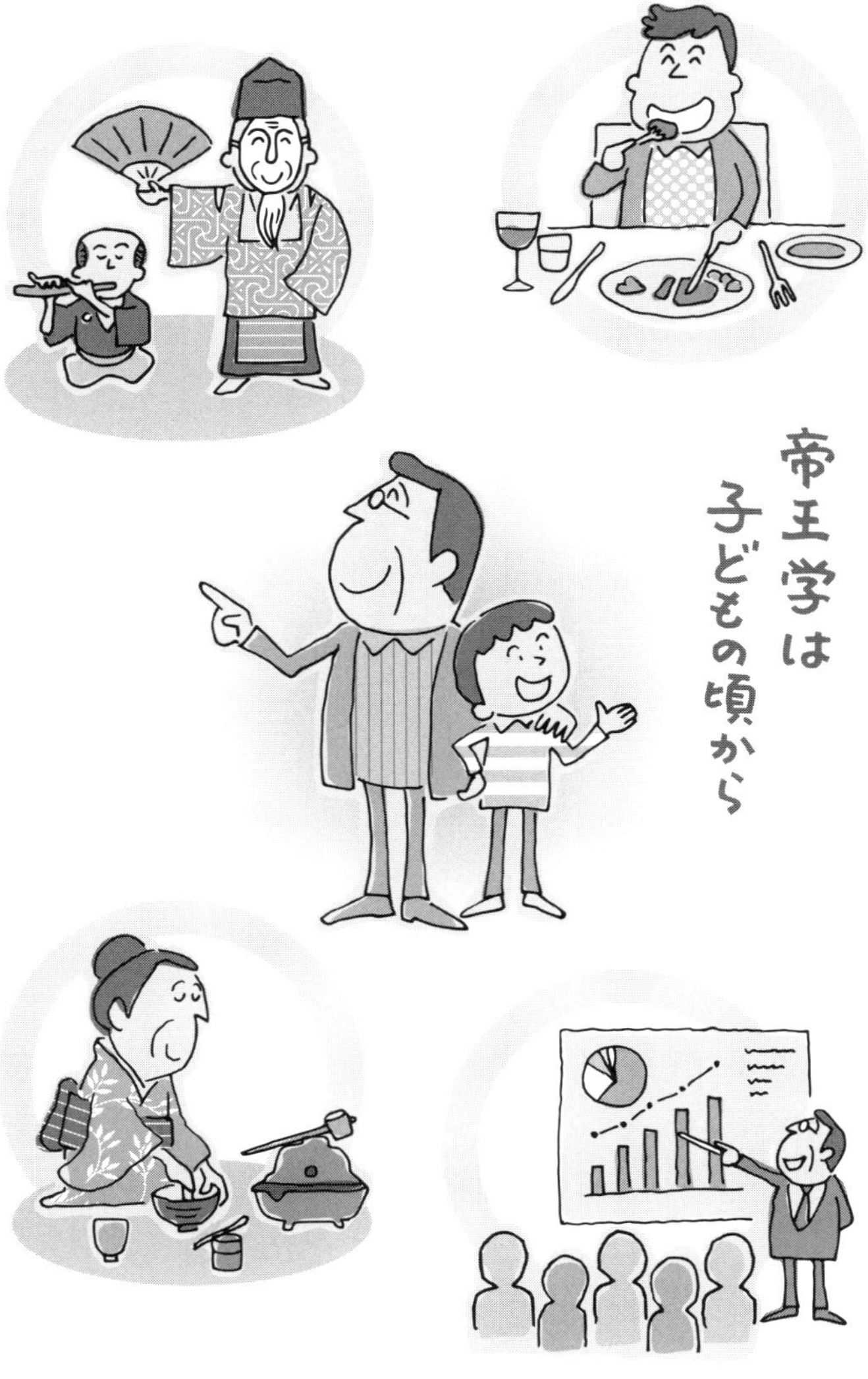
帝王学は子どもの頃から

世襲のいいところは、親が持っている知識や倫理観、文化的な素養などを子どもの頃から身につけさせることができるということです。一緒に暮らしているだけで帝王学が身につくのであれば、こんないい方法はありません。それもまた親から子への事業承継がうまくいく秘訣といえるでしょう。

「かわいい子には旅をさせよ」は正しい

私は小学校時代にイジメに遭って不登校になり、高校受験で第一志望に行けなくて挫折し、さらに大学受験も失敗し、あとはもう死ぬしかないと思うくらい挫折の連続を味わいました。しかし、そうした経験は私を強くし、多少の失敗には動じなくなりました。むしろ、どうやって失敗を挽回してやろうかと燃え立つくらいです。

一方、子どもの頃から悩んだこともなく、挫折を経験したことのない人間は、裏を返すと精神的なキャパシティが小さいといえます。ちょっとのストレスでダメージを受け、耐えられなくなってしまいます。

そういう人が社長になってから挫折を経験すると悲惨です。そんな事例を何件か見ていますが、挫折から立ち直れないと、先代が社長に返り咲いたりします。そうなると、子どもが社長に返り咲くことはほとんどありません。社長という職務は想像以上に重く、一度失敗してしまったら、「才能がない」と周りから見限られてしまうのです。

では、どうするか。社長業に就く前に社会の厳しさを経験させればいいのです。

たとえば、私もそうでしたが、親の会社に入社する前に似た業種の会社に修業に出すのです。私は修業先の葬儀社で、「おまえに教えても、どうせ3年で辞めるのだから意味がない」という、ある先輩社員からの言葉で落ち込みました。そういう理不尽な経験は本人を落ち込ませますが、精神を強くさせます。

社会の厳しさを経験することの何がいいのかというと、「他人の痛みがわかるようになる」「精神的にタフになる」の2つが挙げられます。といっても、挫折の経験は主観によって大きく異なります。

挫折は人によってさまざまですが、しないよりはした方がいいと思います。他人の痛みや苦しみは、挫折した人間にしかわからないことです。ですから、私は「挫折したときに見えた風景をよく覚えておけ」と周囲の人間には話しています。挫折を前向きにとらえさせるのです。

私の場合は、青空が鉛色の空に見えたわけですが、いまでもその風景ははっきりと思い浮かべることができます。その挫折があったからこそ、家業を継いだ後の危機的状況をも乗り越えることができたのだと自負しています。

挫折は、できれば社長になる前にしてほしいと思いますが、実際には社長になってから挫折する人がたくさんいます。社長になってから挫折を乗り越えるのは至難の業です。自分一人の力では乗り越えられません。

そういうときに役に立つのが、経営者の団体です。経営者の団体に所属していれば、同じ社長同士で助け合うことができます。いくら会社に側近がいたとしても、社長の苦悩を理解してはくれません。同じ社長同士だからこそ、共感し合えるのです。

だからといって、先代の社長にはなかなか相談できるものではありません。子どもにとって親はライバルであって、自分の胸の内を吐露できる相手ではないからです。私もそうでしたが、先代の子どもが社長になると、どうしても父親と比較されてしまいます。「お父さんのときはこうだった」とか「先代の方がよかった」とか、いろいろいわれるのです。良くも悪くも比較対照されてしまうことになります。

よく親子だから相談できるのではないかと思われがちですが、自分の悩みは話せないものです。もちろん、経営戦略や経営上の問題点などについては相談できますが、内面の悩みを話す対象にはなりません。そこは多くの人が勘違いするところだと思います。

社内にも相談できる人はいませんから、「社外で悩みを話せる人を探しなさい」とコンサルタントのセミナーでは話しています。実際に私がコンサルタントをしている会社では、後継者である若社長から悩みを相談されることもあります。私が外部の人間だから相談しやすいのでしょう。それもコンサルタントの仕事のうちだと思っています。

社長が精神的にまいってしまうと、経営にも大きな影響が出てしまいます。体は壊しても精神を壊してはいけないのです。体の病気になっても、心が健全ならば、部下に経営を指揮することもできますが、心が病んでしまってはどうにもなりません。気分転換を図るなど、自分なりのストレス発散法を持つことも社長業には必要だと思います。

修業時代の経験が事業承継の成功を左右する

私が家業を継ぐと決めたとき、父親が修業先を探してきました。それは第1章に詳しく述べましたが、将来、社長になる人間にとって、どこで修業するかは事業承継の成否を決める大きなポイントになります。

もし、父親と価値観が大きく異なる子どもに跡を継がせたいなら、自分の会社と似た社風を持ったところで修業させるのがいいでしょう。そうすれば、息子の価値観に変化が起こる可能性があり、父親の考えを理解できるようになるかもしれません。

いわば、息子の持っているスタイルを矯正するための修業先ともいえます。そこの社風になじむことができれば、家業の会社に入社しても父親との確執が大きくなることはないと思います。

あるいは、「将来、こういう会社にしたい」と憧れている修業先を選ぶことも一つの方法でしょう。そうすれば、自分の代でできなかったことを息子の代で実現できる可能性があります。ただし、あまりにも社風の違うところに修業に出すと、先代と考え方が合わなくなってしまうので、注意が必要です。

フューネの場合、よその葬儀社より葬儀代金が２〜３割高くなっても質のいいものを提供しようという社風です。ですからフューネは、究極のサービス業といわれるホテル、なかでもリッツカールトンのような最高のホスピタリティを提供する会社になりたいと思っています。それなのに、格安のビジネスホテルに修業に出されたら、違う価値観を植え付けられてしまいます。経営の哲学が違うところに修業に出すと価値観に齟齬が生じ、結果としてやぶ蛇になってしまいます。それくらい修業先の選択は重要だということです。

また、家業の会社に入社する前に、別の会社で修業することのメリットには、失敗してもやり直しがきくということがあります。家業を継いで社長になってから失敗してしまったら、元も子もありませんが、修業先であれば、一社員の小さな失敗ですみます。

親が家業を子どもに継がせるとき、どこにも修業に行かせずに、すぐに自分の会社に入社させる人もいますが、社長の子どもに本音をいう社員はおらず、甘やかされてしまいます。人生経験を積ませるという意味でも、修業に出すことが事業承継を成功させることにつながるといえます。

■先代から次代に引き継ぐための三種の神器

天皇家には三種の神器といわれる宝物が代々、継承されています。それは日本神話に登場するもので、天照大神の孫である瓊瓊杵尊（ににぎのみこと）が天照大神から授かったといわれる八咫鏡（やたのかがみ）・八尺瓊勾玉（やさかにのまがたま）・天叢雲剣（あまのむらくものつるぎ）の3つの宝物を指しています。

瓊瓊杵尊はこの3つの宝物を携えて、筑紫の日向（ひむか）の高千穂に降り立ち、国土を統治したといわれています。それゆえに瓊瓊杵尊は皇室の祖先とされ、天皇家では、この3つの宝物を皇位のしるしとして、次の天皇に引き継ぐのです。

事業承継にも、この三種の神器にあたるものがあります。それが「株」「代表権」「社是」の3つです。

1つ目の「株」ですが、意外にも株を渡さない事業承継が多いというのが実状です。先代が生きているうちに株を譲渡すると贈与税がかかるという理由もありますが、後継者としては、株を持っていないとモチベーションが上がりません。

株を持っていれば、株価を上げることが自分の報酬に直結するので、がんばり甲斐がありますが、株を持っていないとがんばる理由がなくなってしまうのです。さらにいえば、株を持っていないと、会社を追い出されてしまうこともあり得ます。それくらい、株を持っているかどうかは事業承継にとって大きな意味のあるものなのです。

いまは譲渡制限付きという方法があり、将来は株を渡すという条件付きで事業承継することもできます。あるいは、遺言書に「自分の死後に株を社長に渡す」と書いてもらう方法もあります。

いずれにしても、株を渡してもらう保証がないと後継者のモチベーションは上がりません。そこは事業承継させる側の親の方が意識しておくべきでしょう。

２つ目の「代表権」も事業承継には大事なものです。代表権というのは、読んで字の如く、会社の代表として対外的にさまざまな行為を行う権限のことをいいます。

ところが、これもまた株と同じで、代表権のない社長がたくさんいます。この場合、株の33・4%を持っていれば、代表権を請求できます。また、50%持っていれば、代表権を奪うことができます。

代表権がないと何が問題かというと、会社に対して何の責任も持たなくてもいいことになってしまうことです。当然、社長としてのモチベーションにも大きく影響します。後継者に代表権を与えない事業承継は、本当の意味での事業承継とはいえないのです。

3つ目の「社是」は、ほとんどの会社にあるでしょう。似たようなキーワードで「経営理念」があります。この違いはなんでしょうか。フューネの場合、「社是」は、どんな時代になっても変えてはいけないもの、「経営理念」は時代に合わせて変えていいものととらえています。

会社によっては社是しかないところもありますし、経営理念だけのところもあります。そこは会社によって違いますが、何を変えてはいけないのか、何を変えてもいいのかというルールのようなものはあるはずです。それをきちんと後継者に伝えないと事業承継はうまくいきません。

変えてはいけないものというのは、いってみれば倫理観に基づくルールのようなものです。たとえば、「人に会ったらあいさつをしましょう」「人のものを盗んではいけない」といったルールは、いまも昔も変わりません。

一方、変えてもいいものというのは、時代に合わせて変化するルールをいいます。たとえば、「お酒を飲んだら車を運転してはいけない」というルールは、現代には必要なものですが、江戸時代には「お酒を飲んだら馬に乗ってはいけない」というルールはなかったと思います。そこは時代によって変わってきている部分といえます。将来的に自動運転の技術が向上すれば、「お酒を飲んで運転してもいい」と変化する可能性もあります。

つまり、「社是」は変えてはいけないもの、「経営理念」は時代に合わせて変えていいものということになります。

この「社是」は、親から子へきちんと伝える必要があります。しかし、私の知る限りでは、子どもに伝えるのが苦手な人が多く、社是についても「これは代々続くものだから」というだけで、なぜ、変えてはいけないのかという肝心なことを伝えなかったりします。

倫理観に基づいているから、社是は変えてはいけないのです。もし変えてしまったら、その会社の屋台骨が歪んでしまい、経営にも悪影響が出てしまいます。そのことを先代は後継者にきちんと伝えるべきです。

この事業承継の三種の神器は非常に重要なものです。事業承継を成功させたければ、この3点セットを後継者に引き継ぐ必要があります。これらを承継してもうまくいかない場合もありますが、承継しなければ失敗するリスクはもっと高くなるのです。このことは事業を承継させる親も意識する必要があるし、後継者も知っておくべきことだといえるでしょう。

フューネの「社是」と「経営理念」とは

「社是」と「経営理念」について、もう少し詳しく説明しましょう。

たとえば、フューネの社是は『親切・丁寧が合い言葉　広げよう信用の輪と連帯の和』というものですが、それぞれの意味は次のようになります。

『親切』は一般的に使われる意味に加え、自発的、自主的に行動することを土台にしています。人から何かを依頼されてから行動に移すことは〝義務〟になってしまいますが、指摘される前に行動すれば、それは〝親切〟となり、これが真の「親切」になるのです。

『丁寧』とは、細やかに、冷静かつ笑顔を持って対処するサービスの基本姿勢を表しています。とはいえ、丁寧であることは、必ずしも急がなくてもいいということではなく、スピーディかつ的確に行動することが大切だということです。

『信用の輪』とは、長い歴史と信用が第一である葬儀業界において、これらを守っていくためにはご葬儀一件一件を大切にしていくことが信用につながるということを意味しています。お客さまから「よくやってくれました。ありがとうございます」という言葉をいただくことを積み重ねることが重要だということです。それが信用の輪につながっていくのです。したがって、手抜きや怠惰な行動、いい加減な言動などをしないことが肝要だということになります。

『連帯の和』とは、葬儀を行うに際して、フューネの社員を中心に、グループ各社のスタッフ、仕入れスタッフ、関係先スタッフなど、何十人もの人々が参加することで成り立っていること、一人の故人に関わる人々は、その何百倍もの数に上ることを意味しています。そうした広い世界の人々との連携を図り、その連帯の和の中心となってほしいという意味があります。

この社是は今後も変わることはありません。なぜなら、倫理観に基づいて考えられたルールだからです。とくに「親切・丁寧」という倫理観は、100年経っても変わらない自信があります。1000年前の平安時代でも同じ価値観を持っていたと思います。それくらい普遍的なものだといえるでしょう。

一方、経営理念に関しては、ひと言でいうと『感動葬儀。』に尽きます。『感動葬儀。』については、第1章で詳しく述べましたのでここでは省きますが、フューネがめざす葬儀の形を表現しています。『感動葬儀。』が必要なくなる時代が来れば、経営理念も変えますが、いまのところは、これでいこうと思っています。

この「変えてもいいものと変えてはいけないもの」をきちんと仕分けることは、社長となって自分の会社を客観的に見るときに非常に大事になります。経営上、悩むような出来事があったとしても、社是を守ることを第一に考えれば、道は拓けるものです。その上で経営理念を維持していくべきかどうか、考えればいいと思います。

事業を承継する側の人間は、自分の代になって社是が変わることのないよう気をつけたいものです。

ビジョンを打ち出す

すでに書いたように「社是」は絶対に変えてはいけないもの、「経営理念」は時代に合わせて変えてもいいものです。それに対し、「ビジョン」は少し先の未来を描くために設定するものといえます。

たとえば、政治家というのは日本の未来の姿を描く人のことであり、それが明るいビジョンであれば、国民も安心して国政を任せようという気になります。

一方、社長というのは、この会社の行く末が見える人のことであり、その実現のためにリーダーシップを取っていく人のことをいいます。つまり、社長とは、未来を描く力がある人のことなのです。それゆえに、「わが社の未来はこうなっていく」と宣言することが求められます。

ビジョンというのは未来の予想図ですから、軌道修正はあっても予測を外さないことが大事です。明確なビジョンを打ち出せないと、社員のみなさんは安心して働くことができませんし、明るい未来を描けなければ、希望を持って働くことができません。ビジョンがあれば、「よし、あのゴールに向かって歩いていこう、がんばるぞ」というやる気につながります。

ちなみに、フューネのビジョンは「ゆりかごから墓場までのライフスタイルを提供する」というものです。つまり、生まれたときから亡くなるまで、フューネでさまざまなサポートをするということを意味しています。

冠婚葬祭業というのは、人生の通過儀礼を行う仕事といえますが、冠婚葬祭業がさらに進化していくと、ゆりかごから墓場までのトータルサポートができるようになると思っています。そういう会社にしていこうというビジョンを立てているのです。

そのビジョンは、いまのところ達成するに至っていませんが、社員にはそういう会社をめざそうと話しています。ビジョンがあるとないでは、社員の士気にも大きく影響すると思います。社長になるなら、そうしたビジョンを持つべきです。

中期計画や長期計画は必要不可欠

会社の発展と成長のためには「計画」が必要です。なかには「計画書を作っても思い通りにいくことの方が少ないから、計画書を作っても無駄だ」という人もいます。しかし、裏を返せば、計画書があるからこそ、思い通りに進んでいないことが明確になるのです。したがって、計画を立てることは経営において絶対に必要なことです。計画を立てない社長がいたら、怠慢以外の何者でもありません。社長を名乗る資格もないといえます。

会社にとって重要なことは、一年一年、確実に利益を上げることですが、1年というスパンでは結果が出せないことがあります。そのために、中期計画・長期計画というものが必要となってくるのです。

長期計画というと、以前は10年くらいのスパンで考えるものでしたが、近年のめまぐるしい時代の流れのなかでは5年ぐらいが妥当な長さといえるでしょう。そう考えると、中期計画は2~3年、長期計画は5~7年ということになります。

中期計画・長期計画には数値がつきものです。具体的な数値を示さないと社員もがんばりようがありません。ただし、その数値には根拠が必要となります。その根拠を示すのが社長の役目だともいえます。

私が社長に就任したときは、自分自身のモチベーションも高く、やる気にあふれていました。当然、目標とする数値も強気な設定だったのです。しかしながら、やる気があっても、目標の数値に根拠がなければ、達成することはできません。

残念ながら、単年度で目標が達成することはなく、長期計画では下方修正せざるをえませんでした。しかし、全体的に上昇傾向ではあったので、その後は順調に目標を達成することができました。

事業を承継した新社長は、社長業に慣れていなくても中期計画・長期計画を立てる必要があります。新社長の手腕を社員はもちろん、周囲の関係者も固唾を飲んで見守っているのです。その評価は、単年度での目標達成よりも中期計画・長期計画での目標達成の方がより重要視されます。

一方で、いまは数値目標が設定しにくい時代です。高度成長期のような右肩上がりの期待は望めません。経済成長率はこれからも低く推移するでしょうし、少子高齢化、人口減少なども負の効果です。また、経営のスピード感も、これまでとは全然違います。

そこで、これから事業承継する人には、無理な数値目標を設定しないことをアドバイスしたいと思います。かといって、低すぎる目標設定では、自分自身も社員もやる気をそがれてしまいます。がんばれば手が届くような数値目標にするといいでしょう。

数値目標を掲げたら、その根拠も提示します。そして、一度決めたことはやって、やって、やり抜くこと。途中で諦めたらいけません。目標に向かってやり抜くことが大事なのです。それが次の長期目標へとつながっていきます。

経営というものは、長期戦でいくのだと肝に銘じることが大事だといえるでしょう。

決算書の読める経営者にならなくては意味がない

世の中の経営者には、決算書を理解できないという人が少なくありません。「よくそれで社長業をやっているな」と、正直、驚いてしまいます。

決して、決算書を作成するスキルを求めているのではありません。もちろん、作成できるスキルを持っている方がいいでしょうが、それは経理担当者や税理士などの専門家に任せればいいことです。あくまでも決算書を読めるかどうかが問題なのです。

決算書が読めないと先の計画も立てられませんし、そもそも経理担当者や税理士に悪意があったらどうなるでしょうか？　騙されて会社を乗っ取られてしまうかもしれません。そういうおそれが１００％ないとはいえないのです。

そもそも社長には、毎年毎年、決算を行い、１年間の企業の活動を対外的に報告する義務があります。それは法律で定められていることです。したがって、「決算書が読めない」とは口が裂けてもいえません。

決算書の貸借対照表や損益計算書は、どちらも非常に重要なものです。貸借対照表は、それまでの歴史を積み重ねた財産目録のようなもの、損益計算書は、その年に儲かったか、儲からなかったかを判断するもので、いわば会社の経営状態をチェックする通知表のようなものといえます。

銀行が企業にお金を貸すときには損益計算書を重要視しますが、貸借対照表に表現されている企業の歴史も非常に重要です。これを見て「与信」するかどうかが決まるといっても過言ではありません。

与信というのは、取引相手を信用して資金を貸し付けたり、品物を先に渡して代金を後で回収したりすることをいいます。つまり、取引相手に「信用を供与する」ことから「与信」という言葉が使われるのです。そういう意味で、与信判断は企業にとって非常に重要なものになります。

実は、私自身、決算書の読み方がわかりませんでした。学生時代に簿記の資格を取り、財務諸表の分析のしかたを勉強したにもかかわらず、決算書の見方はわからなかったのです。決算書の見方がわからないと、会社の問題点や改善点、優れている点などを知ることができません。

そのため決算書を的確に分析し、次年度の経営に反映させることができませんでした。やっと決算書の見方がわかるようになったのは、社長になって3年目くらいからだと思います。決算書は机上論だけではわからないものなのです。経営の経験がものをいいます。

しかし、基礎知識がなければ、経験を積んでも生かすことはできません。まずは言葉の意味から学びましょう。言葉というのは道具です。道具には取扱説明書があります。取扱説明書を見ないで道具を使おうと思ってもうまくいきません。道具をうまく使えるようになるためにも、経営の勉強は事業承継の前にやっておくべきです。

最初はピンとこなくても、社長業をやっていくうちに「そうか、これは大事なことだ。勉強しておいてよかった」と気づくことがあります。知識が血となり、肉となる瞬間があるのです。そうなれば、決算書も自在に読めるようになるでしょう。

経営者としての自覚を持ち、決算書を読めるようにならなければ、一人前の社長とはいえないのです。

「破産」と「倒産」の違いを理解する

第1章で述べたように、私が社長となったとき、会社の財政は火の車でした。ゼロからのスタートではなく、マイナスからのスタートだったわけです。プロの経営者になると、借金も財産だという人がいますが、確かにその通りだと思います。赤字も財産といえば、財産なのです。それを生かすも殺すも経営者のやり方次第といえるでしょう。

たとえば、経営テクニックとして節税のために、わざと赤字にする場合もあります。なぜなら、法人税を抑えることができるからです。そういう意味で、赤字が悪いわけではありません。何が悪いのかというと、人さまに迷惑をかけることです。

人さまに迷惑をかけることの最たるものは何かといえば、事実上の「破産」といえるでしょう。破産というのは、財産をすべて失うことであり、自身の持つ資産をすべて売却しても債務を完済することができなくなった状態をいいます。事業がまったくストップしてしまい、打つ手がなく、会社を整理するしかありません。

それに対して「倒産」は「破産」とは違います。倒産とは、銀行の信用がなくなり、取引ができなくなることをいいます。つまり、銀行に預けてあるお金を動かせなくなるのです。といっても、会社の資産がなくなったわけではありませんから、打つ手はあります。会社更生法という手続きを取れば、債権の整理ができ、会社を経営再建させることができるのです。

たとえば、日本航空は２００８年のリーマン・ショックをきっかけに経営不振に陥り、２０１０年に会社更生法の適用を申請しました。その後、京セラ創業者の稲盛和夫氏を会長に迎えて経営の立て直しを図り、2012年には東京証券取引所に再上場しています。

つまり、日本航空は倒産したけれども、破産はしていなかったのです。それで、会社更生法で息を吹き返すことができたというわけです。

経営者のなかには「倒産」と「破産」の違いを理解していない人も多く、倒産することに過剰反応を示す人もいます。しかし、倒産であれば、何とかなるのです。「倒産＝潰れた」ということではないことを理解しておきましょう。

後継者は「石の上にも三年」を守るべき

父親から事業を承継した身として、一つ忠告したいことがあります。それは「社長になって最初の3年間は会社のルールを変えてはいけない」というものです。社長になると先代のやってきたことと違うことをやりたくなるものですが、そこはグッと堪えて、先代のやってきたことを踏襲する根気強さが求められます。

たとえば、アメリカのトランプ大統領はオバマ前大統領の業績を否定し、彼のやってきたことをことごとくひっくり返そうとしています。これは単に自分がやることを誇示したい、歴史に名を残したいという自己顕示欲でしかありません。まさに犬のマーキングのようなものです。

事業承継の場合にも、先代のやってきたことは、たとえいいことであっても変えたくなるものです。武功を急ぐというか、社長になってまだ日が浅いゆえに早く自分の力を示したいという思いが強いのだと思います。

しかし、そこは我慢して３年間は先代のセオリーを学ぶことが非常に重要です。ドイツの名宰相オットー・フォン・ビスマルクの言葉に『愚者は経験に学び、賢者は歴史に学ぶ』という名言がありますが、これは自分の経験より歴史に学ぶことに意味があるということをいい表しています。

事業を承継して社長になったとき、たとえ「どうして、こんなルールがあるのだろう?」と疑問に思ったとしても、３年間はそれを守ってみることが大事なのです。それは家業の歴史を知ることにつながります。

そうすると、「こういうことがあるから、先人たちはこのルールを受け継いできたんだな」

ということがわかってきます。もし、自分の早合点でこのルールを捨てていたら、会社にとっての財産を失ったことになります。

その一方、3年間、我慢してやってきたけれども、どうしても違和感があるという場合は、そのルールは時代遅れだということになります。そのときはそのルールを放棄し、自分の考えるやり方を始めればいいでしょう。

『石の上にも三年』ということわざは、言い得て妙だと思います。これも葬儀の仕事をするなかで学んだことですが、先人が遺した言葉や習慣は現実に即していると感心することがあります。

たとえば、人が亡くなってから7日目に行う法要が「初七日」で、故人が三途の川に到着する日だとされています。この日に法要をするのは、故人が激流ではなく、緩流を渡れるようにするという意味があります。その後、「四十九日」にも法要をしますが、これは故人の魂が旅立つ日だとされています。

これらの法要は、遺族の悲しみを癒すのに必要な日数でもあります。「三回忌」というのも、故人がよりよい方向に進めるように家族が祈るというもので、遺族にとっては故人を偲ぶのに一区切りとなる年数といえるでしょう。

そういう意味でも、『石の上にも三年』ということわざは、それくらいの期間はやってみる価値があることを示しています。先代のセオリーを3年間学び、その後に取捨選択すればいいのです。会社にとって価値のあるものは残し、必要ないものは切り捨てていく。社長になったら、最初の3年間は先代のセオリーをじっくり学ぶ期間だといえるでしょう。

先代と比較される後継者の気持ちを理解してあげる

事業を承継したら、3年間は先代のやり方を学ぶのが先決だと前述しましたが、その間は前社長の仕事をこなすだけになってしまいます。そうすると、いくらプライベートを犠牲にして一生懸命に仕事をしても、結果的には「お父さんの仕事をきちんと受け継いでやっているんだね」という評価にならざるを得ません。

お客さまや社員、世間からの評価も「ここまで会社を大きくしたお父さんはすごいね」というものになってしまいます。ここに息子の業績は入っていません。いくら売り上げを伸ばそうが、結果的には先代の功績になってしまうのです。

これは「父に負けたくない」という息子の心情からすれば、「悔しい」のひと言に尽きます。そのため、功を焦って新しいことをやろうとしてしまうのです。

父親にしてみれば、「どうして、あいつは、いままでと違うことばかりやろうとするのだろう?」と腹立たしく思うことになります。それが原因で親子ゲンカになることもあるのです。父親が創業者であればなおさら、後継者の気持ちはわかりませんから、息子を理解するより怒りの方が強くなってしまいます。

こうしたことは事業承継の場ではよくあることです。私がコンサルタントをしている会社でも親子の不協和音は珍しくありません。それが原因で事業承継がうまくいかないこともあります。そういう場合は、父親の方に「息子さんはお父さんを超えたいと思っているんですよ。わかってあげてください」と伝えます。そうすると、息子の行動を理解して、事業承継がうまくいったりするのです。

いくら親子といっても、お互いの気持ちはわかりません。事業承継にあたっては、それぞれが歩み寄る姿勢が大切だといえるでしょう。

先代の子飼いの役員や社員は退けておくべき

事業承継する際、先代の子飼いの役員や社員をどうするか、というのは頭の痛い問題です。素人考えだと、新しい社長を補佐して助けてくれるのではないかと思いがちですが、そうとはいえません。先代のやり方に慣れ、それが正しいと思っていることが多いため、新しい社長のやり方に反対することもあります。

また、後継者が新社長になると、先代のやり方に不満を持っていた社員たちが新社長の側に立ち、派閥ができてしまうこともあります。そうなると、社内が2つの勢力に分かれてしまい、内紛が起きる可能性もあります。

たとえば、大塚家具の場合。創業者で会長の大塚勝久氏と、その娘で現社長の久美子氏がお互いの経営方針に疑問を持ち、激しい主導権争いをしました。創業者の勝久氏にしてみれば、自分の経営のやり方を全否定されるような方向転換は承服できなかったのでしょう。

親と子の骨肉の争いは社内にも波及し、悪影響を及ぼしてしまいます。よくよく考えれば、勝久氏も久美子氏も、大塚家具をよくしたいという思いは同じはずです。それでも血縁関係にあるだけに一度、関係にひびが入ると修復がむずかしいのだと思います。

久美子氏が社長に就任したとき、会長の子飼いの役員や社員たちがどれくらい残っていたのかは知りませんが、会長に与する社員も少なからずいたのではないでしょうか。

社内を二分するような事態を招かないためにも、事業承継の際には、先代の子飼いの役員や社員は辞めていただくのが、もめ事を少なくする一つの方法だと思います。先代にとっては断腸の思いかもしれませんが、事業承継には必要なことだといえます。もちろん、すぐに辞めさせることはむずかしいとしても、グループ会社に出向させるといった方法で、距離を遠ざけるなども考えられます。

私の場合、父が自分の子飼いの役員や社員のうち、優秀な人だけを残してくれましたが、それでも関連企業に出向させることもありました。私のそばに置いたら、父親の影響を受けてしまうと思ったからです。縁を切らなければ、未来は開けないのです。

自分のそばに残すべき役員・社員かどうかを見極めることは、事業承継には大切なことだといえるでしょう。

自分らしさを出すには、調査と研究、タイミングが大切

後継者になって3年間、先代のセオリーを学び、「さあ、今度は自分の番だ」とばかり勢いだけで新しいことをやろうとしても失敗してしまいます。十分に準備して「調査」と「研究」を怠らず、時が来たら一気にやるというのが成功の秘訣です。

調査とは、事実の調査のことをいいます。市場調査、マーケティング・リサーチのことです。それによって客観的な数字が上がってきます。たとえば、平均単価を１００万円にするといくらの売り上げになるのか、売り上げが見込めるターゲット層がどれくらいあるのか、といったことがわかります。

研究とは、実際に現場に足を運んで、調査で出てきた数字が信用できるかどうかをチェックすることです。その上で、調査でわかった事実にいろいろな角度から光をあてて、自分のやりたいことを実行したときにどういう結果が予想されるのか、数字を出して検証し

ます。

調査と研究は、2つがセットになっている必要があります。どちらか一方だけやっても意味がありません。また、順番も重要です。まず、調査をやり、それから研究をします。最近は調査だけやって、研究を私のようなコンサルタントに任せる人もいます。

しかし、本来なら、外部の人間に任せるのではなく、社長本人が研究をするべきです。そうすれば、自分自身に情報が蓄積され、新しい事業に生かすことができます。

調査と研究をやったら、次にタイミングを見計らいます。どんなにすばらしいアイデアであっても、時を間違えたら失敗してしまいます。慎重にも慎重を期してやる必要があります。

よく「タイミングはどうやって見計らったらいいのでしょうか?」と聞かれますが、最後は自分の勘に頼るしかありません。非科学的ではありますが、勘を磨くには場数を踏むことしかないのです。

たとえば、天気予報で降水確率が100%といわれたら、誰でも傘を持っていきます。50%だったら、どうでしょう? 判断がむずかしいところです。安全策として傘を持っていけば、雨が降っても降らなくても問題はありません。

しかし、経営面で考えた場合、傘というのは経費に当たります。危険な賭けはやらず、無難な経営をやるなら、とりあえず、傘を持ち歩くといいでしょう。その代わり、経費はかかります。経費をかけずに売り上げを伸ばすには、降水確率が60％、70％のときでも、思い切って傘を持たずにいくという判断が必要になります。

したがって自分の勘に自信がないうちは、降水確率が低いときでも傘を持ち、慣れてきたら傘を持たないという判断をしていくというのがいいと思います。そうやって場数を踏むことで、自分の勘が鍛えられてくるのです。

その一方で、どんなときでも傘を持ち歩くという選択肢もあります。そうすれば、降水確率が20％のとき、突然、雨が降ってもずぶ濡れにならずにすみます。

私の知り合いに、東日本大震災が起こる以前から海辺にある会館に津波保険をかけていた葬儀会館の社長がいました。当時はこのような大地震による津波が起こるとは誰も予想していませんでしたから、降水確率でいえば、間違いなく10％以下、いやそれどころか限りなくゼロに近いという意識だったでしょう。

ところが、東日本大震災で津波に襲われ、葬儀会館が流されてしまったのです。その社長は、万が一のためにと津波保険に加入していたことで満額の保険金を受け取ることができ、それを資金に地域で真っ先に葬儀会館を再建することができたのです。

この場合、津波保険は傘にあたります。こういうこともありますから、ずっと傘を持ち続けることは決して悪いことではありません。ただし、その分、経費はかかります。

備えることの安心と、かかる経費。また、事が起こったときの損害。その2つを考えながら、社長は決断を下すのです。少なくとも、勘を磨くためには場数をこなすことが大切だとはいえると思います。

社長にしかできないことをやるのが社長の仕事

普通、家業を継ぐときには、一社員として会社に入り、それなりの役職を経てから社長を襲名します。そうすると、なかには、それまでやってきた仕事を優先して、本来、社長がやるべき仕事を後回しにしてしまう人がいます。

社長がやるべきことをやらずにいたら、会社がうまく回っていきません。それまでやってきた仕事は部下に任せればいいのです。

たとえば、朝礼で社長が訓示する習慣があるのであれば、それは社長の仕事です。お客さまが来たからといって社長自ら対応してしまったら、社員が取り残されてしまいます。社長は社長らしく社員に訓示をし、お客さまの対応は別の社員に任せればいいのです。そんな簡単ことすらできない社長がけっこういます。

そうなってしまうのは、社長業に慣れていないという理由のほかに、いままでやってきた仕事をしている方が気が楽だからということがあります。自分の得意な仕事をやっていれば、安心できるということもあるでしょう。それはある意味、仕事に逃げているともいえるのです。

社員にもそういう人はたくさんいます。係長には係長にしかできない仕事があるのに、それをやらずに他の作業を優先させてしまい、全体の仕事が滞ってしまうことがあります。自分では仕事をやっているつもりでも、それは係長の仕事ではなく、部下にやらせるべき仕事だったりするのです。

事業承継をした社長も同じです。社長に就任したばかりの頃は、社長業の仕事が何なのかがよくわかりません。それがわかるまでには3年はかかります。前述した『石の上にも三年』という言葉にはこういう意味もあるのです。

社長になったら、仕事をいかに人に振るかということを覚える必要があります。いまやっている仕事が自分にしかできない仕事なのか、他の人でもやれる仕事なのか、その見極めが重要なのです。

しかし、それを最初からできる人はいないと思います。日々の業務をこなしていくなかで身につけていくのです。社長には社長にしかできない仕事があるのだと自覚し、そういう視点を持って仕事を取捨選択していくことが大切だといえるでしょう。

「伝える」と「伝わる」は違うと理解すべき

私は毎日、朝礼で訓示をしていますが、社員がそれを100%理解し、覚えたかというとかなり疑問です。私が伝えた情報を100%としたら、社員には10%伝わっているかどうか、といったところだと思います。残りの90％は伝わっていないと考えるのが妥当でしょう。もしかすると、５％も伝わっていないかもしれません。

それくらい「伝える」と「伝わる」の間には大きな差が生じます。このとき、「きちんと聞いていないとダメじゃないか」と社員を叱るのは簡単ですが、どれだけ叱ったとしても、伝える側と伝わる側の間に歴然とした差が生じるのはしかたのないことです。

それを承知した上で、ほかの手を打つのが社長の手腕でもあると思います。たとえば、私がコンサルタント・セミナーで話をするときには、本当に伝えたいことを講演の始めと終わりに繰り返します。つまり、ほとんど同じ話を前後にするわけです。途中、居眠りをしていたとしても、最初と最後の話を聞いていれば、大事なことは伝わります。

自分が伝えたつもりでも、相手に伝わっていなければ意味がありません。そのことを社長はしっかりと自覚する必要があります。これは社長業に限らず、一般社員にもあてはまることです。現場で「言った」「言わない」の論争はよく起こります。社長と会長が齟齬をきたすのもそこから始まるし、役員同士の不仲もそれが原因だったりします。

最近は仕事でＬＩＮＥを使うようになり、文字として記録が残るので、言い逃れができなくなっています。ところが、先日「朝6時に集合するように」と社員にLINEしたら、夕方の6時に来た社員がいました。文字にしても見落としてしまうことはあるということです。

葬儀の世界では、お客さまの日にちの間違い、時間の間違いがよく起こります。あるいは、隣の葬儀屋さんと間違えて来る人もいますし、他の葬儀屋さんと勘違いして電話がかかってくることもあります。そういう間違いは日常茶飯事です。

こうした間違いをどうするか。伝えたつもりが伝わっていなかったという場合、それにどう対応するかを事前に考えておくことも非常に重要なことだと思います。これは社長としても意識しておくべきことですが、社員に対しても、想定外のことにどう対応すべきかを教育しておく必要があるでしょう。

■事業承継には「想定」と「準備」という危機管理が必要

前述した「伝える」と「伝わる」に関係することですが、「『伝える』と『伝わる』は違うということを知っていること」が「想定」で、その想定のなかで、「伝わらなかった場合にどうするかを考え、行動すること」が「準備」ということになります。

この「想定」と「準備」は、危機管理対策として必要不可欠なものです。ある意味、事業承継も危機管理と似ています。うまくいかなければ、会社が立ちゆかなくなってしまいますから、危機管理と同一のものと考えていいと思います。

最近、日本の危機管理の第一人者といわれる元警視総監の米村敏朗氏とお会いする機会がありました。米村氏は、2020年の東京オリンピック・パラリンピックにおけるセキュリティ対策の総責任者ですが、「危機管理というのは、どこまでいっても想定と準備が重要だ」と強調されていました。

2回目の東京オリンピックは、1964年に行われた東京オリンピックと違い、競技の数が5倍くらい多くなっています。それだけでも警備が大変になりますが、2012年のロンドン・オリンピックや2016年のリオデジャネイロ・オリンピックとは違い、パーク方式ではないことがセキュリティを一層、むずかしくしているということでした。

パーク方式というのは、いくつもの競技場を1つの広大な敷地に造るという方法で、パーク内に入るときに入場者をチェックすれば効率的だし、また効果的でもあり、大きな問題が起こるリスクは少なくてすみます。

ところが、東京オリンピックの場合、競技場が1カ所に集まってはいません。東京都内だけではなく、他県にもまたがって分散しています。それだけセキュリティ対策がむずかしくなるわけです。それでも「想定」と「準備」を怠らなければ、無事に終了させることができるだろうとのことでした。

事業承継も同じです。社長が変わったときに起こるであろうことを事前に想定し、そうなった場合の準備を怠らずにやっておく。それが非常に重要だということです。

たとえば、織田信長が不運だったのは、後継者だった長男の信忠が信長に同行し、本能寺の変に遭遇してしまったことです。実際には本能寺から少し離れた妙覚寺を宿舎としていましたが、明智光秀の謀反を知り、二条新御所に籠城、最後には自害して果てました。

もし、信忠が信長の中国攻めに同行していなかったら、あるいは、まったく別の場所にいたら、信忠が跡を継ぐことになり、織田家が天下統一を成し遂げていたかもしれません。そうなれば、日本の歴史は大きく変わっていたと思います。

このことは、いまでいうリスク管理を怠ったことになります。万が一のことを考えて、嫡男を別の場所に控えさせておくべきでした。まさか、明智光秀が謀反を起こすとは思っていなかったのでしょう。何が起こるかわからないという非常時の想定をしていなかった織田信長の痛恨のミスといえます。

こうして織田家の事業承継は失敗に終わってしまったのです。

後継者として絶対に必要なスキルとは

社長になる人に絶対に必要だと思われるスキルが５つあります。

１つ目は「考える能力」。これは社長としてというより、人間として持つべきスキルだといえますが、社長に考える能力がなければ、経営は成り立ちません。事業を立ち上げるにしても、売り上げを伸ばすにしても、試行錯誤して考え抜くことが必要です。その上で最良と思われることを実行するのです。

２つ目は「話す能力」。会社を経営している社長が話し下手だと困ります。職人の世界であれば、口下手であっても技術さえ持っていれば社会で通用しますが、社長が人前で話ができないとなると、銀行や取引先から相手にされなくなってしまいます。よく結婚式の祝辞で何をいっているかわからない人がいますが、社長が意味不明の訓示をしていては社員がついてきません。コミュニケーション能力という点でも、話をきちんとできないようでは困ります。

3つ目は「書く能力」。これは普通に文章が書けることを意味します。基本的な日本語能力を持っていることはもちろん、社長としての文章能力も必要です。しかし、これは社長として業務をこなしていくなかで身につけていくことも可能です。

4つ目は「読む能力」。これはただ単に文章を読めるだけでなく、相手の意図をきちんと正しく理解する能力が求められます。意味を取り違えてしまったら(誤読してしまったら)、とんでもない事態を引き起こす可能性もあります。また、情報収集という意味でも、文章を読み取れないようでは世の中の動きに取り残されてしまいます。

5つ目は「見る能力」。初対面の人を見て「この人はこういうタイプかな」という洞察力のようなものがないと社長は務まりません。新しく社員を雇うときにも、人を見る目は必要となります。また、モノを見て相場がわかるというのも能力の一つだと思います。そのためにはスーパーやレストラン、書店などに足を運び、情報収集するのも有効でしょう。そこから見る能力が養われていくのです。

この5つの能力は社長となる人には不可欠なものです。平均点以上ないと、社長業は務まらないともいえます。もし、後継者となる人にそうした能力がないなら、事業承継は諦めた方がいいかもしれません。たとえ事業承継したとしても、経営が立ちゆかなくなる可能性が高くなると思われます。

事業承継の成否のハードルは上げない方がいい

事業承継が成功したかどうかは、長いスパンで見る必要があります。事業承継の最大の失敗は会社を倒産させてしまうことです。したがって、長期的に見なければ成否はわかりません。数年では判断できないということになります。

後継者が社長を引き継いで最初の数年は右も左もわからず、ただがむしゃらにやりますから、端から見ていると溺れているように見えることもあります。しかし、長期的に見れば、事業承継がうまくいったといえるケースもあるのです。

私はコンサルタントとしていろいろな会社の事業承継を見てきましたが、その成否の指標は会社によって違います。先代が元気なうちに子どもに事業承継できれば、それでいいという場合もあれば、代を継いでから3年以内に売り上げが伸びれば成功だという場合もあります。

そうした指標はいかようにも設定できますが、自分でハードルを上げない方がいいと思います。たとえ借金をしても会社を潰さなければいいという指標であれば、事業を承継した子どもの方も気が楽になります。そうやって少しずつ成功する確率を上げていけばいいのです。

私の場合、債務超過状態から抜け出すことが事業承継の一つのゴールでした。もがき苦しみましたが、自分の意思で銀行に借金をして新しい葬儀会館を出店できたとき、大きな峠を越えたとホッとしたのを覚えています。親から受け継いだ施設ではなく、新たに自分の代で新規出店ができたことで「事業承継に成功した」と思えたのです。

そうなるまでには、約5年かかりました。自分の責任で新たに借金をしたということに意味があります。

親から受け継いだ「ヒト・モノ・カネ」で経営するだけでは、本当の意味での事業承継の成功とはいえません。自分の力で「ヒト・モノ・カネ」を作り出せるようになってはじめて、事業承継が成功したといえるのだと思います。

いずれにしても、事業承継の目的は会社を存続させることにあります。経営を安定させ、次の世代に事業承継できれば万々歳といえるのではないでしょうか。

社長業には「心・技・体」が必要

私が30歳で社長になってから10年以上が経過しました。いま振り返ると、最初の3年間は、霧に包まれた場所で運転をしているような感じでした。学生の頃や修業時代に学んだビジネスの方程式だけでは、目の前で起こっていることに、どのように対処したらいいのか迷うことばかりだったのです。

無我夢中で社長業をこなし、会社の経営にも自信がついてきたいま思うことは、経営者に必要なものは「心・技・体」だということです。

「心・技・体」という言葉は、スポーツの世界でよく使われますが、もともとは明治44年に出版された『柔術独習書』（古木源之助著）に記された言葉で、その意味は「柔術の最終的な目的は、心・技・体を身につけることであり、それらを兼ね備えた立派な人間になること」だといいます。

これは経営者にもあてはまるものだと思います。

会社のトップとして采配をふるうには、強い「心」が求められます。経営はいつも順風満帆とはいきません。ときには逆風が吹くときもあります。そういうとき、精神力が弱く、心が折れてしまっては会社のトップとして社員を率いることができなくなります。精神を鍛えようと思えば、経営者を対象としたセミナーや勉強会が山ほどありますから、そういう場に身を置いてみるのもいいでしょう。

また、心が豊かでないと目先の損得で動いてしまいがちです。儲かりさえすればいいという拝金主義に陥ってはいけません。お金も大事ですが、お金より大切なものがあります。

それは命です。命の尊さを知っている経営者は、倫理に外れるようなことはしません。ビジネスと倫理観は一見、無関係に見えますが、１００年以上続いている会社に共通するのが倫理観なのです。「親を大切にしましょう」とか「近所の人と仲良くしましょう」とか、人としてあるべき倫理観を大事にしている会社は長続きしています。

もちろん、経営者としては利益を上げるための「技」も必要です。前述した決算書を読み込む能力など、勉強することは山ほどあります。マーケティングやセールスのスキルを身につければ、どうすれば売り上げを伸ばすことができるのか、方策が見えてくるかもしれません。社長としてリーダーシップを身につけることもスキルの一つだと思います。

そして、経営者としては「体」を鍛えることも大切です。厳しいビジネスの世界で生き残っていくためには、体力がものをいいます。仕事に耐えうる体でなければ、社長としての責務を担っていくことはできません。それくらい、社長業は心身ともに過酷なものなのです。

社員からみると、社長がゴルフに興じているのは遊んでいるように見えるかもしれませんが、ゴルフは情報交換の場にもなれば、基礎体力を養うのにもいい運動になります。『健全な精神は健全な肉体に宿る』という言葉もあるように、体が健康でなければ、いいアイデアも浮かばないし、健全な経営もできないのです。

社長にとって、もっとも大事なことは「決断すること」

私が社長になって痛感することは、日々、小さなことから大きなことまで、決断を迫られることが多いということです。極端なことをいえば、会社のトップは「決断」さえしていれば、あとは何もしなくてもいいというほど重要なものといえます。

決断するといった場合、「速い」「遅い」という物差しがあります。決断の根底には正確さが求められますから、速ければいいというものではありません。決断をする前の熟考は必要です。

それでも遅いより、速いに越したことはありません。チャンスはそうそうあるものではなく、それを逃すと二度と訪れないことが多いからです。「あのとき決断していれば」と後悔しないためにも、「ここぞ」というタイミングを外さないことが大切です。

最近になって、第三者から「決断が速いですね」といわれることが多くなりました。自分では思っていないのですが、外からはそう見えるようです。

その理由を自分なりに考えてみると、想定外を少なくするために、常にあらゆることを考えているからではないかと思います。前述したように、葬儀の現場では想定外のことがよく起こります。どんなときでも慌てないように準備することを習慣にしていると、いざというときに迷わずに決断することができるのです。

先代と比べて「決断」のスピードが遅いと、社員の評価が低くなり、「新しい社長は先代と比べると決断力がないね」というレッテルを貼られてしまいます。そうならないように、決断力を上げる訓練をするといいでしょう。

そのためには、どんな些細なことでも「締め切りを決める」のがコツといえます。ABCの３つある仕事のうち、それぞれに優先順位をつけ、Aは午前中に、Bは午後、Cは明日の午前中にやろうと決めます。そういう仕事のしかたをしていくと徐々に決断力が上がっていきます。

優柔不断な人は、決めるのに時間がかかったり、いったん決めたことを検証したりします。決断するということは、何かを「捨てる」ということでもありますから、捨てたものを検証しても意味がありません。

たとえば、恋人を自分から振っておいて、その後に「やっぱり、よりを戻そうか」などと後悔する人がいます。そんなことは時間のムダです。一度捨てたものは振り返ることなく、前に進むべきです。新しい出会いを求めればいいでしょう。

また、決断の遅い人は、簡単なことを後回しにしがちです。反対に、決断の速い人は簡単なことからどんどん処理していきます。人間というものは、大事なことは忘れませんが、どうでもいいことはすぐに忘れてしまいます。

だから、簡単なことから処理していけばいいのです。仕事のできない人は大事なことを決断するのに時間を取られて、簡単にできることすら処理するのを後回しにしてしまいます。そうすると、どんどん仕事が滞り、社員から苦情がきたりするのです。

考えてみれば、人は朝起きたときから夜寝るときまで決断の連続です。「今日は何を着ていこうか」から始まり、「お昼は何を食べようか」といったことまで、決断する機会はたくさんあります。そのなかで、吟味する必要のあるものとそうでないものを決め、その場で決断する訓練をすればいいのです。そうすれば、いつしか決断力がついていると思います。

計画通りに事業承継を行うことが大事

私の家業は葬儀社ですから、「時間を守る」という鉄則があります。なぜなら、お葬式は定刻に始まって定刻に終わらなければ、多方面の関係者に迷惑をかけてしまうからです。なにしろ、火葬場での火葬時間が決まっています。いくら遺族の方々が故人との別れに時間をかけたいと思っても、そこは葬儀社としてきちんと時間通りに事を運ぶ必要があります。それができなければ、プロの葬儀社とはいえません。

事業承継の場合も、計画通りに行うことが大事です。コンサルタントとして事業承継のお手伝いをしている会社でも、計画通りに進んでいないときには指摘します。自分たちはよくても、周りに迷惑をかけるからです。

たとえば、事業承継の際には、「社長が代わりました」という案内状を出します。そういう印刷物ひとつとっても、予定通りに印刷所に原稿が入らなければ、案内状の発送が遅れてしまいます。案内状の発送が遅れれば、会社の信用を落としてしまいかねません。何事も最初が肝心です。最初からスケジュールが滞っていては、うまくいくものもうまくいかなくなってしまいます。

事業承継に関してスケジュールの徹底を指摘する人はあまりいないと思いますが、計画通りに事業承継をすることは非常に重要なことだと思います。

たとえば、取締役は株主総会で選任されます。任期は2年です。役員の変更から2週間以内に登記する必要があります。一方、代表取締役は取締役会の決議で選定・解職します。会社法では、役員の選任・解任についての手続きは厳格に規定しています。「オーナー企業だから」「中小企業だから」と言い訳をして、自分たちの都合のいいように決まり事を変えるのは、そもそも法律に抵触します。大企業だろうが、中小企業だろうが、ルールはきちんと守らなければなりません。それが事業承継をうまく進めるためのコツでもあると思います。

第４章

事業承継だけではない、経営者として必要なこと

■廃業に追い込まれる中小企業の経営者たち

中小企業の経営者の高齢化は大きな問題です。多くが後継者難に陥っており、このままでいくと、廃業に追い込まれる中小企業が後を絶たないといわれています。

中小企業庁の調査によると、廃業が予想される中小企業の約5割は黒字だそうです。税金対策上、赤字決算にしている企業もあるはずですから、経営体力のある企業の割合はもっと高くなるでしょう。要するに経営は良いのに、後継者が見つからないために廃業に追い込まれてしまっているということです。

後継者が見つからない状況のなか、親族以外の承継も積極的に推し進められてきていいます。ところが、私がそうだったように、仮に後継者がいた場合でも事業承継には数年かかります。親族以外なら、なおさら時間を要するでしょう。そのあたり、後手に回ってしまった企業が多いと思われます。

あるいはM&A（合併・買収）という方法もあります。ところがM&Aによって事業承継を図るにしても、買い手がすぐに見つかるとはかぎりません。また、買い手が見つかったとしても手続きには一定の時間がかかります。

実際、私のところへもある企業からＭ＆Ａが持ちかけられました。売り上げが７億円ぐらいある会社を５０００万円で買収しないかという話でした。父はこの話に乗り気で、「５０００万円で買って、売り上げが７億円あるならいいじゃないか」というのですが、私は反対しました。なぜなら、その７億円分の仕事を誰がするのかという問題が生じるからです。当然、それなりの人員の手当てが必要となります。それでなくとも人手不足の時代です。若い社員たちにいま以上に働くことを強制できません。父は「給料を増やせばいいじゃないか」といいますが、そういう価値観が通用する時代ではないのです。

この話を持ちかけてきた会社も後継者がおらず、困っていました。そこで、会社を手放すという結論になったのです。儲かっていても廃業せざるを得ない時代に突入しているのです。現状、経営がうまくいっていると、つい、事業承継問題を意識から外したくなるのかもしれません。しかし、それは経営者として許されないことです。

▩２０２０年問題と働き方改革

中小企業の後継者難とともに深刻化しているのが、人口減による人手不足です。２０２０年以降、団塊の世代が現役を退くということもあり、人材不足がより一層顕在化してきます。まさに２０２０年は、日本の人口構造が大きく変わる節目の年ともいえるのです。

いまさらいうまでもありませんが、日本はいま少子高齢化の真っ只中にあります。女性が子どもを産まなくなり、出生数が減っていけば、総人口もまた減っていくのは自明のことです。実際、日本は８年連続で人口が減り、２０４５年には総人口が１億６４２万人、２０６５年には８８０８万人になると予想されています。そのとき、65歳以上の老年人口比率は38・4％となり、全人口のほぼ４割が高齢者になるといわれています。

働ける人が極端に減っていくのです。それはどういうことかというと、少ない労働力人口で効率的に日本経済を回していく必要があることを意味します。

そこで、政府が提唱したのが「働き方改革」です。企業側の視点でいうと、「ワーク・

ライフ・バランス」を意識し、同一労働同一賃金を基本に「多様で柔軟な働き方」を提供することです。

こうした働き方の推進は、確かに現代の若者の価値観とマッチしていると思います。お金に価値を見いださず、残業するより自分の時間を大切にしたいという若者の考え方に沿ったものといえるでしょう。

いままでは正社員として働くことをよしとしていましたが、今後は契約社員もあれば、嘱託社員もあるし、パートタイマーやアルバイトという形も選択できるようになってくるでしょう。「優秀だから正社員になる」という価値観が変わり、「それぞれのライフスタイルに合わせて働く」という働き方を選べるようになってくるのです。

そうなると、会社の社員構成も変わってきます。以前のようなピラミッド型の人員配置はできなくなります。たとえ社員になってくれたとしても、定年まで働いてくれるとは限りません。自分のライフスタイルに合った会社があれば、臆せず転職するでしょう。終身雇用制度は崩壊しつつあるのです。

そういうなかで、優秀な人材を会社にとどめておくためには、いままで以上の努力が必要になってきます。そのために、もっとも大切なことは社員とのコミュニケーションを密にすることです。とはいっても、いまは画一的に社員全員に同じことをすればいいという時代ではなくなっています。ある意味、個人主義が徹底してきていますから、個を尊重したコミュニケーションの取り方を模索していく必要があります。

それは単純に会社全体の行事を行えばいいというものではなく、ふだんの仕事でも意識してコミュニケーションを取る必要があると思います。仕事に対する不満や個人的な悩みなどにも対応できるしくみを作り、それを実行していく行動力のある経営者が求められていくということでしょう。

経営者は「負け戦」から学ぶことも多い

第3章で『愚者は経験に学び、賢者は歴史に学ぶ』というビスマルクの言葉を紹介しましたが、歴史を学ぶなかでも「負け戦」から得ることは非常に多いといえます。なぜなら、どうして勝ったのかわからない不思議な勝ち方はあっても、不思議な負け方というのはないからです。負けるにはそれなりの理由が必ずあります。

私は付き合いでゴルフをしますが、１００を切ることはありません。つまり、ゴルフは得意ではないのです。それが負ける理由です。ヘタだから負けるのです。

その一方、ホール・イン・ワンをやる可能性はゼロではありません。まぐれで勝つこともあります。それは不思議な勝ち方だといえるでしょう。しかし、負けたときには必ず、理由があります。

たとえば、関ヶ原の戦いで、石田三成が西軍の総大将に豊臣秀頼を立てて大阪城から引っ張り出していれば、全軍の志気が高まり、徳川家康に勝っていたかもしれません。歴史に「もし」という仮定はありませんが、石田三成が負けた最大の理由はそこにあるといってもいいと思います。

また、最終的に天下を取り、２００年以上続いた徳川時代を築いた家康も生涯に1度、大敗を喫しています。それが武田信玄と戦った三方ヶ原の戦いです。

このとき、家康は浜松城に戻ると、急ぎ絵師に自分の肖像画を描かせました。それは、赤い床几（しょうぎ）に片足を挙げて腰掛け、左手で頬づえをついている絵です。とても武士の勇ましい姿とはいいがたく、目がうつろで情けない表情をしています。

なぜこんな肖像画を描かせたのかというと、負け戦を生涯の教訓にしようと思ったからだといわれています。そのため、その絵をいつも身近なところに置いていたといいます。

歴史は下って、太平洋戦争に負けたのにも理由があります。日清戦争と日露戦争に勝ったために、自分たちは強いのだと勘違いし、アジアに進出してしまったのです。もし、日清・日露の戦争に負けていれば、戦争を仕掛けたりはしなかったと思います。

仕事上の失敗にしても、必ず原因があります。「今回はたまたま運が悪かった」などと放置してしまったら、また同じことを繰り返してしまいます。決して放置することなく、検証することが大事です。そこから次の手立てが見つかることもあります。失敗から学び、その原因をきちんと分析することが重要だといえるでしょう。

「総務」をないがしろにする会社は長続きしない

社長業にはいろいろな仕事がありますが、そのなかでも「総務」は重要なものといえます。たとえ総務部長といった担当責任者がいたとしても、最終的に社長が総務の最高責任者であることに違いはありません。

総務というと「何でも屋」「雑用係」というイメージがありますが、本来、総務の仕事は「社員を気持ちよく働かせること」といっても過言ではありません。社員がやる気になって働いてくれなければ、会社の売り上げも伸びず、経営が停滞してしまうでしょう。

総務力の弱い会社というのは、社長と社員の間がギスギスしています。社長の思いが社員に伝わらず、社員の間に不平不満がたまってしまうのです。

その一方、総務力の強い会社は労使関係が良好で、社員も積極的に働いてくれます。たとえば、冠婚葬祭、福利厚生、従業員の健康管理、会社の行事、イベント業務、社内・社外広報、地域との渉外、社会貢献活動など、総務の範疇に入るこれらの仕事は、社長と社員との距離を身近なものとし、お互いの信用・信頼につなげるものです。

したがって、総務力の弱い会社はよい会社とはいえません。社員が社長についてこなくなるからです。とくに、中小企業は大企業に比べると総務力が弱い傾向にあります。というのも、社長のなかでの総務の優先順位が低いのが理由です。社長はどうしても売り上げ最優先にしてしまいがちですから。

繰り返していいますが、「総務＝雑務」と解釈してはいけません。総務力こそが社長と社員の連帯感を醸成する潤滑油といえるのです。そうなるためには、総務部を媒介として社長と社員との間の意思疎通を図ることが重要となります。どちらか一方通行ではいけません。両者の関係が良好であることが安定的な経営につながっていくのです。

■法人の代表者であることを意識することが大切

私が「法人」という言葉を知ったのは、小学生の高学年の頃だったと思います。「人ではないのに、どうして人という字が使われているのだろう?」と疑問に感じたことを覚えています。法人という言葉の意味を知ったのは、専門学校で学んだ20歳のときでした。会社などの法人は「法の下では人格がある」という概念を知ったのです。

しかし、本当の意味で「法人」という言葉を知ったのは、30歳で社長に就任したときでした。会社が発行するあらゆる文書に私の個人名である「三浦直樹」という名前が勝手に使われてしまうという事実に直面したからです。

正確にいえば、勝手に使われているわけではありません。法人の代表者としてすべての行為に責任が発生するということを意味しています。したがって、「社員が勝手にやった」「社員が悪い」と言い訳することはできなくなるということでもあります。それが法人の代表者であるということなのです。

法人の代表者であることをきちんと意識しないと、私人である自分と混同してしまうことがあります。それは別物だときっちり分ける必要があります。

なかには会社の代表取締役なのに、私人と同じだと混同している人がいます。実際に公私の別を意識せず、会社のお金に手をつけても頓着しない人もいるようです。

会社のお金は法人のお金であって、社長の個人的なお金ではありません。同じジュースを１本買うにしても、公務であれば必要経費として会計に計上できますが、プライベートで買うのであれば、ポケットマネーにして会社のお金に計上してはいけないのです。

そこは意識しないと「会社のものは自分のもの」と勘違いしてしまいます。そうなっては経理上、問題になることもあります。日頃の心がけが大切だといえるでしょう。

また、公人として発言しているのか、個人として発言しているのかについても、常に注意が必要です。法人の代表として発言するときは、個人的な好みや考え方と違っていても、経営上、必要であれば、意に反したことを話さなければならないこともあります。

たとえば、天皇陛下のおことばにしても、国事行為と公的行為、私的行為に分けられ、いずれの場合も政治的発言は控えられていますが、私的行為に関してだけは個人的な感情が入る場合があります。

会社の社長も、公人と私人の別を意識した言動をしなければいけないのです。それくらい法人の代表者というのは重い役割を担っているといえるでしょう。

会社は民主主義では通用しない

社会人になって最初に受けた研修で、講師から教えてもらった言葉に「会社は民主主義ではない」というものがあります。このひと言に大きなショックを受けたことはいうまでもありません。民主主義の国に生まれ、学級委員長を選ぶのにも多数決で決めるのが当たり前だと思っていましたから、講師のいうことがすぐにはピンときませんでした。

一般的にも民主主義はいいものだと思われています。しかし、会社の経営に関していうと、そうでもありません。なぜなら、新規の事業を行うときに社内で反対多数となってしまうことがよくあるからです。かといって従来通りのことをやっていては、新しい展開は望めません。

つまり、社長には大多数の社員の反対があっても、やるべきことは押し通す覚悟が必要なのです。たとえ１００人中99人が反対しても、社長の意志を貫いて推し進めることでイノベーションにつながることもあります。結果的に新商品となり、ヒットすることもあるのです。私自身、成功した事業のことをあとから振り返ってみると、反対を押し切ってやり抜いたことの方が多いように思います。過去の成功体験や常識で考えていては、新しい商品や事業を生み出すことはできません。

社長の意志を通そうとすると、必ず、反対する役員や社員が現れます。そういうときこそ、人事権をうまく使うのです。そうやって役員や社員をコントロールすれば、最初こそ反対していても、結果的にうまくいけば、社長の株も上がります。

そもそも労使というのは、永遠に逆のことをしていく宿命にあります。1円でも給料を上げようとする社員に対し、1円でも給料を下げようとする経営者もいるでしょうし、社員が仕事で忙しいとき、社長はヒマだったりします。その一方、社長が資金繰りで奔走しているとき、社員は為す術もなくヒマだったりするのです。

社長と社員では立ち位置が違うので、考えていることも違って当然です。社員がこぞって賛成している事業というのは、往々にして成功しなかったりします。

経営者になったら、社員に嫌われてもやるべきことをやるという気概が必要だということです。

計画と実績の誤差を埋めることが大切

「地球が1回転する時間は?」と尋ねると、100人中100人が「24時間」だと答えるでしょう。

ところが、正確にいうと24時間ではなく、23時間56分4秒なのです。わずかな差だと思うでしょうが、この3分56秒という差を放置しておくと、やがて夏なのに雪が降ったり、冬なのに夏のように暑くなったりします。この誤差を埋めるために、うるう年やうるう秒があり、誤差を修正するのです。

経営においても、計画と実績の誤差を埋めることは非常に重要なことです。社長になると、中期計画・長期計画を立てますが、計画通りにいくことは奇跡といってもいいくらいむずかしいといえます。計画通りにいかなかったとき、その誤差を埋めるように努力するのが社長の仕事です。

たとえば、電車の到着時間が遅れそうなとき、運転士は途中でスピードをあげるなりして時間を調整し、時間通りに駅に着くようにします。それと同じことを社長もやらなければならないのです。

まず、なぜ誤差が生じたのかを検証します。その上で、計画の数値を下方修正するか、あるいは追加で営業努力をするかを決めるのです。

いずれにしても、誤差を埋めることは非常に重要です。帳簿上の金額と実際の現金を合わせることと同じで、帳簿に１００万円と書いてあるのに、金庫のなかに70万円しか入っていなかったら困ることになります。

ときには下方修正することも必要です。プライドの高い社長は下方修正することを嫌がりますが、現実を直視することで経営を安定させることもできます。

たとえば、戦時中、戦況をよく把握して下方修正して早く降伏していれば、広島や長崎に原爆が落とされていなかったかもしれません。多くの命が助かっていたことでしょう。ときには撤退することもやむを得ません。そうしなければ、あとで取り返しのつかないことになる可能性もあるのです。

一方、予想以上に売り上げがアップする場合もあります。「来年は300万円のプラスにします」と計画を立てたら、「1000万円のプラスになった」ということもあります。だからといって喜んでばかりもいられません。それは計画通りではないからです。

1000万円もプラスが出てしまったら、余分に税金を納める必要があるし、そのお金の使い道も考えなければなりません。つまり、仕事が増えてしまうのです。

経営というのは天気予報と似ています。予想を外れてはいけないのです。上方修正にしろ、下方修正にしろ、できるだけ修正せずにすむような計画を立てることが重要です。それができてはじめて優秀な経営者といえるのではないでしょうか。

経営の基本といえる「ＰＤＣＡ」

経営とは何かを語るときに、必ず登場するのが「ＰＤＣＡ」です。これは①Ｐｌａｎ（計画）、②Ｄｏ（実施・実行）、③Ｃｈｅｃｋ（検証）、④Ａｃｔｉｏｎ（改善）の頭文字を合わせたもので、この４つを繰り返すことによって業務をよりよいものに改善することができるといわれています。

まず、①の「計画」では目標を設定し、業務が予定通り遂行できるように計画を立てます。目標を達成するための情報収集をしっかり行い、問題がある場合は、その解決法も考えます。

②の「実施・実行」では、①で立てた計画に沿って業務を行っていきます。計画の遂行途中であっても、何か問題が生じたら、その都度、立ち止まり、問題解決の方策を考えて実行に移します。

③の「検証」では、計画通りに業務が遂行できたか、チェックをします。業務の途中で生じた問題とその解決方法についても、それが有効に機能したかどうかを確かめます。

④の「改善」では、実施した業務の結果を検討し、改善すべき点があれば、どういう方法がいいのかを考えます。

この「ＰＤＣＡ」は経営の教科書には必ず登場するものですが、いざ実行しようとしてもうまくいかないという組織を散見します。うまくいかない場合の共通点は、③の「検証」が不十分だということです。つまり、やりっ放しが多いのです。

また、うまくいったときに何の検証もしないのもよくありません。「うまくいったのだから、検証なんかしなくてもいいだろう」と思いがちですが、それは違います。うまくいった要因は何なのか、その理由を探る必要があります。

偶然うまくいったのか、きちんとしかるべき手を打ったからうまくいったのか、そこがわからないと次に生かすことができません。偶然うまくいったとしたら、その要素は何なのかを徹底的に検証します。そうしなければ、偶然が２度あることはありません。利益が上がるどころか、大赤字に転落する危険性もあるのです。

経営の基本は「PDCA」
Plan
Do
Check
Action
○
×
社長：三浦直樹

また、よくありがちなのが、①の計画段階での目標設定が低すぎるというものです。数値が低ければ、うまくいくのは当然です。そこに検証も改善もありません。そのままでは売り上げが伸びることはなく、停滞するだけです。

計画を設定するとき、あまりに高い目標では社員のやる気が削がれてしまいますが、低すぎてもやる気は半減してしまいます。少し高めの設定をし、それをクリアすることで、さらに高い目標を設定するのがうまいやり方です。

この4つの「PDCA」を正しく繰り返すことが経営の基本といえます。

若い社員とのジェネレーションギャップを理解する

最近の若い社員は、私の目から見ても宇宙人のように感じることがあります。物心つく頃には携帯電話があり、電話を取り次ぐという経験をしたことがありません。会社に入っても、「電話を取るのがこわい」という若い社員は少なくないのです。

たとえば、取引先に電話をしたとき、相手の担当者が不在だといわれると、どう返答していいかわからず、無言でいたりします。私が若い頃は、友人や恋人の自宅に電話するとき、ドキドキしながらも「どうやって呼び出してもらおうか」と考えて電話をしたものです。いまの若者はそういった経験がありませんから、電話でのやりとりがうまくできないのです。

それを理解せず、ただ頭ごなしに叱るだけでは問題は解決しません。そもそも生まれた時代が違い、経験値も異なっているわけですから、そこを理解しないと若い社員を育てることはできません。

また、「お茶を入れる」という行為を知らない若者もいます。急須にお茶の葉を入れ、お湯を注ぐという行為を見たことがない人がたくさんいるのです。いまは自販機やコンビニなどで、ペットボトルのお茶を買って飲むのが当たり前になっています。その影響で、お茶を入れる行為が廃れているのです。

私は「お茶を入れる」という行為は「おもてなし」の一つだと思っていますから、社員にはきちんと急須にお茶の葉を入れてお湯を注ぎ、お客さまにお出しするように指導しています。お客さまとの出会いは、茶道でいえば「一期一会」にあたります。その精神を社員にも理解してもらうようにしています。

■社長は20年で後進に譲るのが繁栄の元

有名なアスリートのなかには「レジェンド」と呼ばれる人がいます。その一人であるスキージャンプ競技の葛西紀明選手は、冬季オリンピックの最多出場記録を持っています。長年トップアスリートであり続けることは並大抵の努力ではなく、誰からも賞賛されますし、レジェンドという称号も当然のことといえるでしょう。

社長のなかにも、生涯現役にこだわる人は少なからず存在します。学生の頃に創業し、現在まで半世紀以上、社長業をしている方が私の周りにもいらっしゃいます。90歳、100歳で社長という人もいるくらいです。

生涯現役を貫く覚悟を持って社長業に邁進するのはすばらしいことですが、事業を承継する側から見ると、いささか問題があるといわざるを得ません。

仮に90歳で現役の社長がいるとすると、その後継者である子どもはすでに還暦を過ぎていることが予想されます。もし、90歳の社長に何かあったら、歳を取った子どもが社長になることになり、社長業をやるにしても苦労することは目に見えています。

第2章に伊勢神宮は20年に1度、式年遷宮をすると述べました。これは事業承継にもいえることで、たとえ優秀な経営者であっても20年、長くても30年で後継者に譲るのが賢いやり方だと思います。

社長を長くやると必ず、弊害が生まれます。たとえば、社長が優秀であればあるほど、周りがイエスマンばかりになり、部下に思考能力がなくなってしまいます。

また、社長が長く君臨すると、次世代が育たなくなってしまいます。中小企業の社長は独裁になりがちだからです。したがって、先代が元気なうちに後継者に会社を引き継ぐことが大切です。そうすれば、会社にとって守るべき社訓などをきちんと後継者に受け継がせることができます。

さらに、社長業が長くなると、不正が行われやすくなります。これは社長が不正をするという意味ではありません。仮に社員の中に不正があった場合、社長が変わらなければ発見できない可能性が高くなるということです。

このようなことからも、20年から30年を一区切りとして社長を退くのが理想と私は考えます。

■愚者は経験に学び、賢者は歴史に学ぶ

これまで何度も登場してきた『愚者は経験に学び、賢者は歴史に学ぶ』という言葉ですが、経営者にとってはとても意味のある教訓だと思います。

たとえば、東日本大震災のとき、お年寄りから「地震があったら、丘の上に逃げろ」と聞かされた言葉や、「津波てんでんこ」という教えに従ったことで助かった命がたくさんあったそうです。「津波てんでんこ」というのは、「地震が来たら、肉親を探したりせず、各自がてんでんバラバラに逃げろ」という意味です。

「地震があっても、これまで津波は来たことがなかった」と自分の経験を優先した人のなかには、残念ながら命を落とした人がいたと聞きます。人間はだれしも自分の経験を優先してしまいがちです。

しかし、こうした教訓から自分の経験はごく小さなものだということがわかります。

歴史には脈々と伝わる根拠があります。お祭りでは御神輿を担いで街を回りますが、その巡行ルートは災害が起きたときの避難経路を意味しているといわれています。昔の人が次の世代に伝える教訓でもあったのです。そうした昔ながらの言い伝えは、いまは途絶えることが多く、御神輿の巡行ルートも交通規制などで変更したりしていますが、もともとは先人たちの教えだったというものが少なくないのです。

この『愚者は経験に学び、賢者は歴史に学ぶ』という言葉は、私の人生哲学でもあり、自分のわずかな成功体験だけに頼ることの愚かさを戒めています。世の中には多くの経営者の成功体験や失敗体験があります。そうした歴史を知ることが2020年以降の経営課題に対応する一助になると信じています。

2020年以降は労働力人口が極端に減り、なかでも中小企業に就職する新入社員は激減することが予想されます。経営は黒字でも人手不足のために倒産する中小企業が増えるでしょう。

たとえば、1986年に施行された労働者派遣法によって、当初こそ多様な働き方が可能になるともてはやされましたが、結果的に「人はカネさえ出せば集まるものだ」という風潮が生まれました。それまでの「ヒト・モノ・カネ」の順番で大事にしてきた先人の考えが否定されたのです。

とくに1990年代から2000年代にかけてバブル崩壊や金融危機、デフレの長期化などにより経済の低成長時代に入ると、派遣社員を人件費の調整弁として活用するようになり、非正規労働者が急増しました。まるで人をモノのように扱い、カネが優先する時代になったのです。

しかし、2020年以降は人をカネで買うことはできなくなります。現役で働ける労働者そのものが少なくなってしまうからです。そうなったら、「カネ・ヒト・モノ」の順番で経営してきた会社は潰れてしまいます。やはり先人が伝えてきた「ヒト・モノ・カネ」という、人を大事にする価値観が再認識されてくるでしょう。

経営者はくれぐれも、自分の成功体験に溺れないように気をつけたいものです。

「恩返し」ではなく、「恩送り」の精神

多くの人は、他人から助けてもらったり、親切にしてもらったりしたとき、恩返しをするのが当たり前だと教わります。しかし私は、恩は返すのではなく、次の世代に送っていくものと考えています。「恩返し」ではなく、「恩送り」です。この考えは、実生活のみならず、会社の発展にも必要なことだと思うのです。

最近、知ったことですが、中国には「客家（ハッカ）」という華北から移住してきた漢民族のグループがあり、独特の集合住居に住んでいます。その建物は中庭を囲むように部屋が連なる構造をしており、形状は丸い円楼もあれば、四角い方楼もあります。

そこに住んでいる客家の人々は、右側の家に住んでいる人から受けた親切は、その人に返すのではなく、左隣の人に恩として返すという風習があるそうです。それはまさに私が思う「恩送り」という考え方と合致しています。その建物は丸い円楼であっても、四角い方楼であっても、隣同士が連なっていることから、最後には恩が自分のところに返ってくるのです。

そういうことがあってはじめて人の道を知り、成長していく。つまり、輪廻転生にもつながっているのです。考えてみれば「恩を返す」という行為は、ギブ・アンド・テイクという意味で、2者の間で完結してしまいます。しかし、隣に恩を送っていくことによって、多くの人の間を順番に回り、恩が大きく発展していくのです。

中国の辛亥革命の指導者・孫文や現代中国の最高指導者だった鄧小平も客家の出身だといわれます。こうした「恩送り」の精神が、彼らの行動に影響を与えたのかもしれません。

いずれにしても、この「恩送り」という考え方は経営者にとっても非常に示唆的です。たとえば、私が経営者の先輩に何かを教えてもらったとしたら、その恩を先輩に返すのではなく、後輩にその教えを伝えるのが正しい流れということになります。そうすれば、その先輩の教えが多くの若い経営者に伝わるきっかけにもなるのです。

上司と部下の関係もそうあるべきだと思います。もし、上司から飲み屋でおごってもらったら、次は後輩にごちそうしてあげるのです。それが組織全体に伝われば、思いやりの心が広がり、人間関係もうまくいくことでしょう。

これからは「鶴の恩返し」ではなく、「恩送り」でいきましょう。それは人類が幸せに成長していくために必要なことでもあります。

儲かる会社には「神棚」がある

葬儀社であるフューネには、会社の休日がありません。そこで、一年の始まりである元旦に「仕事初め」の訓示をします。これは恒例の行事になっています。

一年の始まりであるお正月には、多くの方が神社や仏閣に初詣に出かけます。私も「今年一年が安寧な年でありますように」「経営者にとって事業がうまくいきますように」と神頼みするのが通例になっています。当然、社内には「神棚」が祀られています。

会社に神棚があるのは、フューネが冠婚葬祭業だからというわけではありません。あるデータによると、儲かる会社には神棚があり、逆に倒産した企業の85%には社内に神棚が祀られていなかったそうです。

この事実から、経営とは単に理論や理屈を並べるだけではうまくいかないことがわかります。実際、100年以上の歴史のある長寿企業には必ずといっていいほど神棚が祀られているそうです。日本酒の酒造メーカーにはお酒の神様、建設会社には建築土木の神様、製造業の会社には安全の神様といった具合に、それぞれの業界に関係する神様を祀っているのです。

もっとも神棚があるからといって商売がうまくいくという保証はありません。しかし、神棚を安置してしっかりとお参りできない人に商売がうまくいくはずがないのです。神棚にお参りするというのは、心に平安をもたらすものでもあります。謙虚さを思い出させる作用もあるでしょう。さらに、前向きの力を湧き起こさせてくれるかもしれません。

経営に関して思いつくあらゆる手段を講じた後は「人事を尽くして天命を待つ」ことも社長業には往々にしてあることです。理屈では説明できない自然の力に対する畏怖の念や感謝の気持ちを持つことは大切だといえます。

ときには独りよがりになりがちな中小企業の経営者の心を諫めることにもなります。「神棚を会社に祀るなんてバカバカしい。そんなの、迷信だ」と思わずに、ときには神頼みも必要だと心得ましょう。

COLUMN 4

「きずな」を想う

一般的に「きずな」という漢字には「絆」「紲」「紲」の３つが使われます。よく使われるのが「絆」という字。もともとは、牛や馬をつなぎとめる綱のことを指していました。半は攀（はん）の字から変化したもので、ひく、すがる、たよるといった意味があります。糸は、紐や綱を表しますから、「牛や馬をつなぎとめる綱」という意味もうなずけます。だから「騎綱」と表記されたこともあるようです。

迫力ある木落としで知られる諏訪大社の御柱祭。曳き綱によって氏子が御柱を曳行（えいこう）しますが、御柱を曳く綱を「曳き綱」あるいは「木綱」といい、これをもって「紲」を用いたという説もあるようです。

さて「紲」という字。偏（へん）と旁（つくり）の組み合わせが「あの世とこの世を

COLUMN 4

結ぶ糸」に見えませんか？　または、次世につながるという形にも見えます。古代、石棺を引いた際の綱や、土葬でお棺を土の中に置く際にお棺と送る人をつなぐ綱を「きずな」といいました。この場合、あてるならば「紲」がふさわしい気がします。

ことほど左様に「きずな」の語源はさまざま。しかし、つまるところ、人と人との結びつきを表す言葉に変わってきたのは間違いありません。「絆、紖、紲」。それぞれ大切に使っていきたいものです。

おわりに

私が２００５年に父から事業を承継したとき、取引先をはじめ、地元の政財界の方々を４００人ほどお招きし、社長就任式を開いてもらいました。私にとっては盛大な襲名披露の場となったわけですが、社長を辞することになる父にとっては「生前葬」といってもいいものでした。本人も「これは自分の生前葬だ」と公言していました。

私がふだん執り行っているお葬式では、先代が突然亡くなり、後継者である息子さんが茫然自失している様子を目にすることがあります。まさか急逝するとは思わず、まったく事業承継がなされていなかったということも多くあるのが現実です。

それでも何とか跡を引き継ぎ、会社を維持している後継者もいますが、数年後に会社が倒産してしまったということも多々あります。もし、先代が生きているうちに事業承継がきちんとできていればと、他人事ながら悔しく思うことも少なくないのです。

私は幸運にも父が生きているうちに事業承継をすることができました。

第1章にも述べたように、父とのケンカの勢いで「社長になる」と宣言したわけですが、それでも先代が生きているうちに事業を託されたことは、非常にありがたいことだったと痛感しています。

いま、世間では「終活」という言葉が当たり前のように使われています。これは「自分の人生をどう締めくくり、遺された人々に何を託すのか」ということを意味します。まさに「社長の終活」、いわば事業承継そのものといっていいでしょう。

何事も事前の準備が大切です。親から家業を継ごうと思っているなら、親が元気なうちに事業承継を受けることが重要だといえるでしょう。

本書では、事業承継のポイントを後継者の立場から書いていますが、子どもに家業を託す親御さんにもぜひ、読んでいただきたいと思っています。会社を潰さないためにはどうしたらいいのか、事業承継をさせる側、する側、双方で考えてほしいと思いますし、これがとても大切なことだからです。
親子であるがゆえに意見の食い違いや感情的に反目してしまうこともあるかもしれませんが、会社を存続させたいという思いは同じはずです。その一点に思いを集中させ、事業承継をぜひ成功させていただければ幸甚の至りです。

令和元年五月吉日

株式会社フューネ代表取締役　三浦直樹

【著者略歴】
三浦直樹（みうらなおき）
愛知県豊田市生まれ。2005 年、株式会社 FUNE（フューネ）の代表取締役に就任。2 代目社長として経営回復、葬祭関連事業の拡大を図る。『感動葬儀。』をテーマに掲げ、サービスの向上に努めた結果、2011 年には週刊ダイヤモンド誌調査による「葬儀社 350 社納得度ランキング（2 月 14 日発売）」で全国第 1 位に。一方、葬祭業者のための専門学校「フューネクリエイトアカデミー」を設立するなど、葬祭の在り方からサービスに至るまで、同業他社への発信を続ける。終活のプロ、経営コンサルタントとしても全国で講演多数。著書に『感動葬儀。心得箇条』（現代書林）、『間違いだらけの終活』（幻冬舎）がある。

2代目《だいめ》葬儀社《そうぎしゃ》社長《しゃちょう》が教《おし》える絶対《ぜったい》に会社《かいしゃ》を潰《つぶ》さない事業承継《じぎょうしょうけい》のイロハ

2019 年 7 月 15 日　初版第 1 刷

著　者 ―――――― 三浦直樹《みうらなおき》
発行者 ―――――― 坂本桂一
発行所 ―――――― 現代書林
〒162-0053　東京都新宿区原町 3-61　桂ビル
TEL ／代表　03（3205）8384
振替 00140-7-42905
http://www.gendaishorin.co.jp/
カバーデザイン ―――― 福田和雄（FUKUDA DESIGN）
本文デザイン ―――― 中曽根デザイン
イラスト ―――――― 青木青一郎

印刷・製本：（株）シナノパブリッシングプレス
乱丁・落丁はお取り替えいたします。

定価はカバーに
表示してあります。

ISBN978-4-7745-1793-3 C0034